Umschlagentwurf
Robert Halbach
Bildmotiv: Kasimir Malewitsch
„Das schwarze Quadrat“ (1914-15)

HEINER KOECHLIN
PHILOSOPHIE DES FREIEN GEISTES
ESSAYS UND VORTRÄGE

CIP-Kurztitelaufnahme der Deutschen Bibliothek

Koechlin, Heiner:
Philosophie des freien Geistes / Heiner Koechlin. –
Berlin: Kramer, 1990
ISBN 3-87956-195-8

Braunschweiger Str. 26, 1000 Berlin-Neukölln (44)
1. Auflage 1990
Gesamtherstellung: Offsetdruckerei Dieter Dressler, Berlin-Kreuzberg

Heiner Koechlin

Philosophie des freien Geistes

Essays
und Vorträge

Karin Kramer Verlag
Berlin

Inhalt

FREIHEIT UND GESCHICHTE IN DER KONTROVERSE ZWISCHEN ALBERT CAMUS UND JEAN PAUL SARTRE

Gegenüberstellung von Unvereinbarem

In der im Rowohlt-Verlag erschienenen Monographie Albert Camus' schreibt Morvan Lebesque: „Von den zahlreichen Polemiken, die der *Mensch in der Revolte* entfachte, war die in der Zeitschrift *les temps modernes* zweifellos die grausamste, denn sie warf einen unüberbrückbaren Graben zwischen Sartre und Camus auf. Wir wollen uns im einzelnen nicht mit diesem Streit befassen, denn es ist müßig, Unvereinbares gegenüberzustellen."

Mir hingegen scheint es, daß die Gegenüberstellung von Unvereinbarem fruchtbar sein kann, leuchten doch in diesem Trennenden die ureigensten Überzeugungen der Partner auf. Mehr noch: Es treten eben im Austragen von Gegensätzen allgemein menschliche Wahrheiten ans Licht.

Zu Zusammenstößen von Unvereinbarem ist es in der Geistesgeschichte immer wieder gekommen. Je bedeutender und tiefer die Geister waren, zwischen denen sich der Bruch vollzog, desto mehr hat ihre Auseinandersetzung ihrerseits die Geschichte beeinflußt. Sie können an die Kontroverse zwischen Luther und Eramus über den freien und den unfreien Willen oder an die Polemik von Marx gegen Proudhon in seiner auf Proudhons *Philosophie des Elends* antwortenden Schrift *Das Elend der Philosophie* denken. In beiden Fällen ging es übrigens um Freiheit und Geschichte. Nicht um eigentliche Dialoge handelt es sich hier, bei denen sich jeder Teil, obwohl er den anderen von seiner Wahrheit überzeugen will, um ein Verständnis der Wahrheit des anderen bemüht. Solche echten Dialoge sind äußerst selten und in ihrer Reinheit praktisch nicht vorhanden. Vielmehr als um Dialoge handelt es sich hier um ineinander verzahnte Monologe, um ein aneinander Vorbeireden, um ein sich Mißverstehen, das manchmal gewollt ist. Der Kampf um die Wahrheit wird hier verfälscht durch einen Kampf um die Macht. An die Stelle einer spontanen und direkten Antwort auf ein vom Gegner Gemeintes tritt hier häufig dessen psychologische Analyse, die Unterstellung von Hintergedanken und geheimen Absichten. Das Ganze endet mit Verdächtigungen und Beschimpfungen, schließlich mit dem persönlichen Bruch der Partner und, je nach Zeitumständen, auch mit Mord und Totschlag.

Aber gerade die Härte der Auseinandersetzung ist nur verständlich aufgrund eines beiden gemeinsamen Anliegens, einer gemeinsamen Wurzel ihres Denkens und Empfindens.

Gott ist tot

Obwohl Wesens- und Denkungsart von Albert Camus und Jean Paul Sartre recht verschieden waren, wurden ihre Namen oft zusammen genannt als diejenigen der Begründer jener Denk- und Lebensrichtung, der man den vieldeutigen Namen des Existentialismus gab.

Der Grund für den schnellen literarischen Erfolg von Albert Camus und Jean Paul Sartre war, daß beide, jeder auf seine Art, eine während der Nachkriegszeit in der Luft liegende Stimmung in Bilder und Gedanken faßten.

Diese Grundstimmung hatte Friedrich Nietzsche schon 50 Jahre vorher vorausgefühlt und ihr mit den bekannten Worten „Gott ist tot“ Ausdruck verliehen. Diese Negation, die am Ausgangspunkt sowohl des Werkes von Camus als auch von Sartre steht, bedeutet ihnen aber weit mehr als eine Absage an den Gott der überlieferten kirchlichen Offenbarung. Um es kurz und vereinfachend zu sagen: sie richtete sich gegen den philosophischen Idealismus in allen seinen Formen und Masken. Idealismus ist im negativen Verständnis des Existentialisten eine subjektive Gedankenkonstruktion, mit der man einen objektiven Sinn der Welt zu haben meint, in dem die eigene Existenz eingebettet und von dem sie bestimmt wäre. Diese Ablehnung faßt Sartre mit den Worten zusammen: „Die Existenz geht der Essenz voraus." Dichterisch gestaltet er sie eindrücklich im Erleben des Ekels am Seienden, Camus im Erleben des Absurden. Die Negation erstreckt sich aber über einen sich selbst bewußten Idealismus hinaus auf einen herkömmlichen Materialismus, der der Materie eine ihr immanente sinngerichtete Entwicklungstendenz zuschreibt, sei diese rationalistisch begründet, wie im klassischen Materialismus des 18. Jahrhunderts, oder dialektisch, wie im historischen Materialismus des 19. Der Existentialismus verneint nicht nur den transzendenten Gott der Bibel, sondern auch den immanenten des bürgerlichen oder marxistischen Fortschrittsglaubens.

Mit der Entartung des Marxismus im Stalinismus und der Krise des bürgerlichen Fortschrittglaubens im Faschismus und Nationalismus, den Greueln des Zweiten Weltkrieges und dem Auftauchen der Atombombengefahr war eine geistige Welt zusammengebrochen. Politische Ideologien vermochten in der Nachkriegszeit nur noch ein Achselzucken hervorzurufen. Dieser Entideologisierungsprozeß, von der „Neuen Linken" in den 60er Jahren nur oberflächlich unterbrochen, scheint mir heute wieder in Gang gekommen zu sein.

Es ist mir in diesem Rahmen nicht möglich, die Gedankenwelt von Camus und Sartre darzustellen. Ich fühle mich dazu auch nicht kompetent. Erwarten Sie von mir keinen philosophischen Vortrag!

Doch will ich einiges aus dieser Gedankenwelt, das mir in direktem Zusammenhang mit unserem Thema zu sein scheint, vorausschicken.

Existenz im Absurden

Die Denkentwicklung von Albert Camus kann man in drei Phasen gliedern: 1. *Licht und Schatten*, 2. *Das Absurde*, 3. *Die Revolte*. Doch ist eine solche Einteilung künstlich. Nicht nur fließen die Grenzen sachlich ineinander, sondern die Phasen durchdringen sich auch zeitlich. So ist die Revolte schon spürbar in Camus' erstem

Lebensabschnitt. Die Symbole von Licht und Schatten sind immer noch da in des Schriftstellers letzten Werken. Die Auseinandersetzung mit dem Absurden charakterisiert Camus' ganzes Leben und Schaffen.

Das Licht bedeutet Mittelmeer, Sonne, Strand, tiefblauer Himmel, heidnische Freude am Diesseits, Ablehnung von weltabgewandtem, asketischem Christentum. Diese Grundstimmung steht im Zentrum von Camus' Jugend und Jugendschriften. Annemarie Pieper sieht zu Recht eine Verwandtschaft der Ethik des reifen Albert Camus mit derjenigen Kants. Hier aber kommt einem Goethe in den Sinn und dessen Verse aus der *Braut von Korinth*:

> Und der Götter bunt Gewimmel
> hat sogleich das stille Haus geleert.
> Unsichtbar wird einer nur im Himmel
> und ein Heiland wird am Kreuz verehrt.
> Opfer fallen hier
> weder Lamm noch Stier,
> aber Menschenopfer unerhört.

Der Mensch sei, und das sagt Camus immer wieder, zu seinem Glück verpflichtet. Und er meint nicht ein himmlisches, sondern ein irdisches Glück.

Doch kann er an einer Stelle den merkwürdigen Satz schreiben: „Tragischer als das Leiden ist nur das Glück."

Das ist der Schatten. Camus symbolisiert ihn häufig mit Nebel und Frost, erlebt ihn als Krankheit, ahnt ihn als Tod, dem er als Tuberkulosekranker stets nahe ist. Aber auch wirtschaftliche Not und soziale Ungerechtigkeit gehören in dieses Schattenreich. Über die Leiden der hungernden Kabylen Nordafrikas schreibt er ergreifende Artikel im *Alger républicain*.

Die Sonne selbst ist nicht nur Spenderin von Leben und Lebensfreude, sondern auch Dämon, der Tod und Mord verursacht. Auf die Frage des Richters, warum er auf den Araber geschossen habe, antwortet der *Fremde*: „Wegen der Sonne."

Hier erscheint das Absurde des Mythos des Sisyphos.

Man habe ihn, so meint aber Camus später, zu Unrecht

einen Philosophen des Absurden genannt. Dieses Absurde will er als Methode verstanden wissen, um zu einem nicht bloß gedachten fiktiven, sondern einem existentiell wirklichen Sinn zu gelangen, ähnlich der Methode Descartes', der durch konsequentes Zweifeln am Sein zu dessen Gewißheit gelangte. Darauf kann man freilich antworten, daß weder Descartes noch Camus diesen Weg überzeugend hätten gehen können, wenn ihr Zweifel nur gedacht und nicht auch echt erlebt gewesen wäre.

Fern ist Albert Camus dem optimistischen Naturalismus, zu dem sich der Atheismus des 19. Jahrhunderts bekannt hatte. „Der Mensch", so sagt er, „ist das einzige Wesen, das zu den natürlichen Gegebenheiten seines Seins *nein* sagen kann. Das ist die Revolte. Zugleich bedeutet das *nein* ein *ja*."

So wie Descartes nämlich, indem er zweifelt, sich seines Seins bewußt wird, so wird sich Camus, indem er das Absurde bis ins Äußerste erlebt, eines Wertes bewußt, denn nur der Maßstab eines Wertes hat ihm die Möglichkeit gegeben, das Absurde als solches zu empfinden. Selbst Sisyphos muß hinter dem Absurden seines Tuns einen Sinn spüren, wie könnte sonst Camus sagen, man müsse ihn als einen glücklichen Menschen betrachten.

Aus der Revolte erwächst Camus eine neue Moral. Der Versuch einer Neuformulierung einer Ethik, die sich sowohl vom dogmatischen Moralismus als auch vom vitalistischen oder historischen Nihilismus abgrenzt, ist das Thema aller späteren Schriften von Camus.

„Sie sehen", so sagt er in seinem schon während der deutschen Besatzung geschriebenen *Brief an einen deutschen Freund*, „wir haben aus dem gleichen Grundsatz verschiedene Lehren gezogen. Ich glaube weiterhin, daß unserer Welt kein tieferer Sinn innewohnt, aber ich weiß, daß etwas in ihr Sinn hat und das ist der Mensch, denn er ist das einzige Wesen, das Sinn fordert."

Politisch engagiert war Camus während seines ganzen Lebens. Als Kind einer französisch-algerischen Arbeiterfamilie wuchs er in proletarischen Verhältnissen auf. Schon zur Zeit seiner scheinbar unbeschwerten lyrischen

Natur- und Menschenschilderungen kämpfte er als Mitarbeiter des *Alger républicain* für die Verwirklichung der nur auf dem Papier bestehenden Gleichberechtigung von französischen und arabischen Algeriern. Während der Periode des *homme absurde*, der seinen *Fremden* und seinen *Mythos vom Sisyphos* dominiert, beteiligte sich Camus als Herausgeber des illegalen *Combat* aktiv am Widerstand gegen die deutsche Besetzung. Seine Revolte führte ihn nach Kriegsende zur Frontstellung gegen jedes Paktieren mit dem linken Totalitarismus. Das führte die Auseinandersetzung herbei, von der wir sprechen werden. Während des algerischen Unabhängigkeitskrieges blieb Camus seinem Ideal treu und setzte sich zwischen den Fronten für eine Verständigung der Kriegsparteien auf der Basis einer Gleichberechtigung der Nationalitäten Algeriens ein.

Gleichzeitig unternahm er eine Kampagne gegen die Todesstrafe. Diese hat heute ihre Früchte getragen. Es besteht für mich kein Zweifel darüber, daß ohne die geistige Vorarbeit von Albert Camus ein Badinter mit seinem Anliegen nicht durchgedrungen wäre.

In seinem letzten Aufsatz, den er in Sartres *temps modernes* veröffentlichte und der später als ein Kapitel im *Der Mensch in der Revolte* unter dem Titel *Nietzsche und der Nihilismus* eingefügt wurde, faßte Camus seine nichtnihilistische Auffassung der menschlichen Existenz folgendermaßen zusammen: „Die absolute Herrschaft des Gesetzes ist nicht die Freiheit, aber die absolute Willkür ebensowenig. Auch das Chaos ist eine Knechtschaft. Ohne Gesetz keine Freiheit. Wenn das Geschick nicht orientiert ist, wenn der Zufall König ist, dann befindet man sich auf dem Weg in die Dunkelheit, die furchtbare Freiheit des Blinden."

Den höchsten Wert, der seiner Erfahrung mit dem Absurden des Daseins entsprang, nannte Camus *la nature humaine*. Diese *menschliche Natur* ist empirisch nicht faßbar und kann begrifflich nicht definiert werden. Sie ist etwas die biologische Natur und die historische Zeit Überschreitendes. Ängstlich hütet sich Camus davor, über ihre Herkunft etwas auszusagen. Nicht zu Unrecht meinen Kritiker wie Sartre und Jeanson, hinter dieser *menschlichen Natur* verberge sich eine mystische Religiosität. Katholiken wie Gabriel Marcel werfen dieser Wertbestimmtheit bei Fehlen eines Gottesglaubens philosophische Naivität vor.

Beim späteren Albert Camus gehen Abwehr gegen religiösen oder idealistischen Dogmatismus mit Offenheit zu transzendentaler Erfahrung Hand in Hand. Das erhellt eine wenig beachtete Briefstelle, die ich Ihnen vorlesen will. Im Februar 1952 schrieb Martin Buber an Albert Camus folgende Zeilen: „Monsieur et cher confrère, Ihr Buch *Der Mensch in der Revolte* scheint mir von solcher Wichtigkeit für das menschliche Leben in dieser Stunde, daß ich dem Mosad Bialik, dem nationalen Verlag Israels, empfehlen möchte, es ins Hebräische übersetzen zu lassen. Würden Sie mir bitte sagen, wie Sie zu dieser Angelegenheit stehen? Es findet sich in dem Buch nur ein Satz, den ich ungerecht finde, aber dieser Satz stört mich ganz besonders. Er ist auf Seite 370, wo Sie vom 'unerbittlichen Himmel' des alten Testaments reden. Das ist durch und durch unzutreffend. Das göttliche Wort 'hoch und heilig wohne ich bei den Zermalmten und Geistesniedrigen' (Jes. 57, 15) ist keine Ausnahme, es ist die Substanz dieser Welt." Camus antwortete: „Monsieur... ich hatte Ihr *Ich und Du* mit großer Bewunderung und Gewinn gelesen und hoffte nicht, besser gesagt, erwartete nicht, eine Zustimmung von Ihnen zu erhalten; sie freut und ehrt mich. Ich gebe ohne weiteres zu, daß der Satz, an dem Sie Anstoß nehmen, zahlreiche Nuancierungen verdient, und ich hätte nichts dagegen einzuwenden, ihn zu ändern. Das ist der Nachteil der Vorhaben, die sich anmaßen, zusammenzufassen, was nicht zusammengefaßt werden kann... Jede Kritik, die mich auf solche Ungerechtigkeiten hinweist und mir erlaubt, sie richtigzustellen, wird von mir mit Dankbarkeit entgegengenommen..."

Von entgegengesetzten Seiten herkommend, gelangen hier zwei Denker zu einem Berührungspunkt im Ergebnis ihres Denkens und Erlebens.

Dagegen besteht die Berührung Camus' mit Jean Paul

Sartre im Ansatz, während sich die beiden im Ergebnis voneinander entfernen.

Sein im Nichts

Sartre entstammte einer zwar nicht reichen, aber bürgerlichen und intellektuellen Familie. Mütterlicherseits war er mit Albert Schweitzer verwandt. Sein Weg zur Literatur und Philosophie führte nicht über einen Kampf gegen soziale Benachteiligung seiner selbst und anderer, vielmehr mußten in Sartres Kindheit und Jugend die Bücher weitgehend den Kontakt zu den Menschen ersetzen, was er selbst in der Darstellung seiner Kindheit, die er mit dem bezeichnenden Titel *Die Wörter* überschreibt, bezeugt.

Was für Camus das Absurde, ist für Sartre das Nichts. In dieser Nuance drückt sich eine Verwandtschaft und gleichzeitig eine Differenz aus. Der Gegensatz zu *Absurd* ist *Wert*, der Gegensatz zu *Nichts* ist *Sein*. Damit ist, wie mir scheint, angedeutet, daß das Suchen bei dem einen in Richtung einer ethischen Haltung, der er dann in begrifflich nicht exakt definierbaren Symbolen Ausdruck gibt, geht, beim anderen nach einer definierbaren ontologischen Aussage.

Anders ausgedrückt: Camus' Wertsetzung taucht gleichsam aus einem Meer von Nichtwissen auf. An der Stelle dieses Nichtwissens steht bei Sartre ein Nichts, das von ihm gleichsam vergegenständlicht wird, als ob es ein Wißbares wäre.

Noch anders gesagt: Den Atheismus Camus' kann man als negative Gläubigkeit deuten. Er ist verwandt mit der Haltung des Iwan Karamasow in Dostojewskis Roman, der angesichts eines Kindes, das mißhandelt wird, Gott die Eintrittskarte in die von ihm geschaffene Welt zurückgibt. Anders ist Sartres Atheismus beschaffen. Als er in seiner Kindheit einmal lange auf zwei Freundinnen warten mußte, die er ins Lyzeum begleiten sollte, dachte er, um seine Zeit auszufüllen, an Gott: „Dabei kam es mir in den Sinn. Eh bien, Er existiert nicht. Das war ganz augenscheinlich. Ich erinnere mich nicht mehr daran, worauf sich diese Evidenz stützte. Und das war endgültig."

Dieses von Sartre erzählte Erlebnis ist ein einmaliger, definitiver Bekehrungsvorgang, wie wir ihn von Paulus, Augustin und Tolstoi kennen, nur eben mit negativem Vorzeichen.

Paradox erscheint dann allerdings, daß Sartre, im Gegensatz zum Determinismus einer überlieferten materialistischen Weltanschauung, die uneingeschränkte Wahlfreiheit des Individuums und dessen absolute Verantwortlichkeit postuliert. In dieser Hinsicht nimmt er Partei für Kierkegaard und gegen Hegel. Alle Philosophie, die die Verantwortlichkeit des einzelnen negiert oder auch nur einschränkt, ist in Sartres Augen ein vergeblicher Versuch des Individuums, sich um die Freiheit, zu der es verurteilt ist, zu drücken. Kierkegaard und Sartre gemeinsam ist ein ausgesprochen negativer Freiheitsbegriff. Während die Freiheit für den Mittelmeermenschen Albert Camus einen begrenzten und begrenzenden und somit sozialen Charakter besitzt, ist sie für den nordischen Grübler wie für den Pariser Großstadtliteraten eine Quelle von Angst und Vereinsamung. Für Martin Heidegger, der Schüler des einen und Lehrer des anderen war, bedeutet Freiheit ein orientierungslos-in-die-Welt-geworfen-Sein des Ich. Kierkegaard rettete sich vor der Verzweiflung durch einen Sprung in den Glauben an einen Gott, dessen Wege für den Menschen absolut unverständlich sind, in der Nachfolge von Tertullians *Credo quia absurdum est*.

Sartre war dieser Weg verschlossen. Sein Ich befindet sich in absoluter Freiheit einem Nichts gegenüber oder, besser gesagt, freischwebend im Nichts. Sein Verhältnis zu anderen Dingen und Personen reduziert sich auf Eroberung, Selbstbehauptung und diplomatischer Koexistenz ohne eigentliche Beziehung. Seltsam ist die Setzung einer absoluten Verantwortlichkeit des einzelnen beim Fehlen einer Instanz, der gegenüber er verantwortlich wäre. Das Philosophieren Sartres scheint sich mir in endlosen Bewußtseinsanalysen zu erschöpfen, die psychologisch oft sehr treffend sind, die aber in ihrem Resultat den Versuchen des Freiherrn von Münchhausen gleichen, sich am eigenen Schopf aus dem Sumpf herauszuziehen. Sartres Wirklichkeit ist eine autonome Vitalität, die sich selbst genügen soll, sich aber nicht selbst genügt. So kommt Edo Pivcevic in seiner Schrift *Von Husserl bis Sartre* dazu, die Konsequenz aus Sartres Freiheitsbewußtsein folgendermaßen zu formulieren: „Nach Sartres existentieller Diagnose werde ich aufgrund meiner Freiheit zu etwas Unergründbarem. Mir wird zum Bewußtsein gebracht, daß meine Existenz völlig überflüssig ist. Daraus wächst in mir ein Gefühl der Unsicherheit. Ich kann mich auf niemanden verlassen, außer auf meine eigene Freiheit. Diese Freiheit ist mir jedoch kein Trost, weil sie mir nur die Widersinnigkeit meiner Existenz vor Augen führt. Sie zeigt mir, daß ich ebensogut nicht hier zu sein brauchte, daß ich nicht notwendig, daß ich völig entbehrlich bin."

Damit vermag der Jugoslawe allerdings Sartres Philosophie nicht zu widerlegen; denn wer sagt ihm, daß nicht in eben dieser verzweifelten *condition humaine*, wie sie Sartre nennt, das Wesen des Menschen bestehe?

Doch vermag Sartre nicht, hier stehen zu bleiben, so wenig wie Camus in der absurden Welt des *Sisyphos* und des *Fremden*. Versucht man, den in *Das Sein und das Nichts* niedergelegten Gedanken zu folgen, so kann einen so etwas wie Atemnot befallen, als ob man sich, um auf den Titel eines Sartreschen Dramas anzuspielen, wirklich hinter hermetisch verschlossenen Türen befände. Da Sartre der Weg zu irgendeiner überzeitlichen Transzendenz versperrt war, blieb ihm nur ein Fluchtweg offen. Dieser führte ihn in einen historischen Determinismus, bei dem er mit einem förmlichen Purzelbaum landete.

Die verzwickte Gedankenakrobatik, mit der er ein Zusammenfallen absoluter persönlicher Autonomie mit geschichtlicher Notwendigkeit zu begründen sucht, will ich hier nicht verfolgen.

Erinnert Sartres verabsolutierender Subjektivismus an Fichte, so die ausweglose Gefangenschaft seines Ich in der Zeit, in der es nur immer ein Morgen und Gestern und nie ein Heute gibt, an Schopenhauer. Er scheint mir nun etwas der Schopenhauerschen *Verneinung des Willens*-Ähnliches vorzunehmen, mit dem großen Unterschied allerdings, daß diese Negation beim Kantianer eine metaphysische Dimension aufweist, während sie beim „Existentialisten“ im Psychologischen bleibt.

Im Gegensatz zu Camus, der sich schon während seiner nordafrikanischen Jugend politisch engagierte, beginnt Sartres politische Aktivität erst um das Ende des Zweiten Weltkrieges.

Camus bewahrte eine im wesentlichen gerade Linie. Dagegen ist Sartres politische Haltung seltsam schillernd. Konstant ist in ihr nur, daß er in jeder Konstellation zum Extremismus neigte. So sympathisierte er im israelo-arabischen Konflikt in den 40er Jahren mit dem sogenannten zionistischen "Revisionismus“ und der terroristischen Richtung Menachem Begins, während des Algerienkrieges mit dem terroristischen Nationalismus der arabischen FLN und nach seiner Abkehr von Moskau, ohne Maoist zu sein, mit den französischen Maoisten.

Camus trat 1934 der kommunistischen Partei bei, verließ sie aber kurze Zeit später, als sich diese Partei, einer Moskauer Weisung folgend, mit der Algerienpolitik der französischen Regierung solidarisierte. Zur gleichen Zeit folgte Sartre auf einer Deutschlandreise den Spuren Martin Heideggers. Dessen militanter Nationalsozialismus scheint ihn dabei nicht im geringsten gestört zu haben.

Die von Simone de Beauvoir herausgegebenen Briefe sowie Sartres Tagebuch aus der *drôle de guerre* enthalten viel Interessantes aus Sartres Privatleben und aufschlußreiche Hinweise auf das Werden seines philosophischen Denkens, aber kaum politische Stellungnahmen. Nach einer Auseinandersetzung mit dem Totalitarismus des Dritten Reiches, gegen das man immerhin zu Felde lag, sucht man hier vergebens. Nur Frieden ersehnt er, um sein gewohntes Privatleben wieder aufnehmen zu können. Der Waffenstillstand, der die Epoche des maréchal Pétain und der deutschen Besatzung einleitete, versetzt ihn einen „merkwürdigen Zustand, der gleichzeitig Verzweiflung und Erleichterung ist“.

Das nach Kriegsende beginnende politische Engagement Sartres war dann bis zu seinem Tod so intensiv, daß es den Verdacht erweckt, es entspringe einem dringenden Bedürfnis, vor sich selbst und der Welt Versäumtes nachzuholen.

Jetzt entdeckte er den Marxismus, in dem er nun die „Philosophie seiner Zeit" sehen wollte. Diese erstaunliche Wendung sucht Helmuth Kuhn in seiner Schrift *Begegnung mit dem Nichts* verständlich zu machen, indem er einen geistigen Zusammenhang zwischen individualistischem Nihilismus und einem bodenlosen, jeden überzeitlichen Wert leugnenden Historismus aufzeigt. Doch übersieht er, daß der marxistische Historismus nicht ein zufälliges, zielloses, zeitliches Geschehen meint, sondern im Gegenteil eine positiv zielgerichtete Marschrichtung, an deren Ende das Heil der Menschheit liegen soll.

Les temps modernes

Sartres politische Zeit begann recht eigentlich mit der Gründung der Zeitschrift *Les temps modernes*, die er gemeinsam mit Raymond Aron, Merleau Ponty, David Rousset und anderen gründete, Männer, deren Wege kurze Zeit später weit auseinandergehen sollten.

Mit David Rousset, Georges Altman und anderen unterzeichnete Sartre im Februar 1948 das Manifest eines *Rassemblement Démocratique Révolutionnaire*, das sich in deutlicher Distanzierung vom autoritären Sozialismus der Kommunisten für den Aufbruch zu einem liberalen und demokratischen Sozialismus einsetzt. Das Manifest endet mit dem pathetischen Satz: „Proletarier und freie Menschen, vereinigt euch, damit 1948 wie 1848 der Ruf nach einer erneuerten, in sozialer Gerechtigkeit verankerten Freiheit ertöne." Diese Intellektuellen glaubten damals, im Geiste des Widerstands gegen die deutsche Besetzung zu einer freiheitlichen Neugestaltung der französischen und europäischen Gesellschaft vorstoßen zu können. Von derselben Illusion war der von Albert Camus geleitete *Combat* beseelt, der nach Kriegsende mit dem Untertitel *De la Résistance à la Révolution* erschien.

Sartre verfaßte in diesem Zeitabschnitt *Les mains sales*. Simone de Beauvoir sagt von diesem Drama, sie habe es nie als antikommunistisch empfunden. Doch verziehen die Kommunisten Sartre dieses Stück nie. Trotz aller Zweideutigkeit, die es, wie alles bei Sartre, enthält, empfanden sie es, wie mir scheint nicht zu Unrecht, als direkt gegen ihre politische Moral gerichtet. Doch war dies nicht Sartres letztes Wort.

Das *Rassemblement* fiel nach kurzer Zeit auseinander. Streitpunkt war das Verhältnis zur kommunistischen Partei und zur Politik der Sowjetunion. Zu den Antikommunisten gehörten Raymond Aron, David Rousset und der schwarze Schriftsteller Richard Wright. Eine Annäherung an die PC wollten Sartre, Simone de Beauvoir, Merleau Ponty, gestützt von schwankenden Gestalten wie dem Verfasser des bekannten Romans *Christus kam nur bis Eboli*, Carlo Levy, dem bildenden Künstler Giacometti und anderen Trabanten des Existentialismus. Die Kommunisten ihrerseits trauten den Existentialisten nicht über den Weg, da diese den Marxismus nie gänzlich akzeptieren konnten. Sartre bewarb sich mit der Leidenschaft eines unglücklichen Liebhabers um ihre Gunst.

Seine Entscheidung für die Sowjetunion hielt bis 1968 an. Doch war sie immer schweren Prüfungen unterworfen.

Am 12. November 1949 veröffentlichte David Rousset, ein ehemaliger Trotzkist und gewesener Häftling im deutschen Konzentrationslager Buchenwald, im *Figaro Littéraire* einen Aufruf an alle ehemaligen Insassen von deutschen Konzentrationslagern zugunsten einer gemeinsamen Aktion gegen das, was er das *Univers concentrationnaire* nannte, d. h. gegen alle noch bestehenden Konzentrationslager auf der Welt. Dabei stand ihm umfassendes Belastungsmaterial über sowjetische Lager in Sibirien zur Verfügung sowie Zeugen, die diesen Lagern entkommen waren. Fast 40 Jahre vor Solschenizyn veröffentlichte Rousset eine Karte der verschiedenen sibirischen Gulags, die ein ehemaliger Deportierter, der in der Verwaltung beschäftigt worden war, gezeichnet hatte.

Sartre und Merleau Ponty antworteten auf diese Veröffentlichung ihres ehemaligen Genossen mit einem Artikel, den sie sinnigerweise mit *Les jours de notre vie* überschrieben. Dieser Titel nimmt ironisch Bezug auf Roussets Erinnerungsbuch aus dem Konzentrationslager Buchenwald: *Les jours de notre mort*.

Sartre anerkennt die Richtigkeit der von Rousset ans Licht gebrachten Tatsachen. Er gibt zu, daß sich 10 bis 15 Millionen Menschen in sibirischen Konzentrationslagern befänden. „Wenn man kein Schwärmer ist", so sagt er wörtlich, „muß man zugeben, daß diese Fakten die Bedeutung des russischen Systems in Frage stellen."

Gleichzeitig aber wendet er sich mit Merleau Ponty scharf gegen David Rousset, der mit seiner einseitigen Aktion der reaktionären Propaganda der Bourgeoisie Vorschub leiste. So etwas müsse diskutiert, aber nicht an der Öffentlichkeit breitgeschlagen werden.

Sartre lehnt es ab, die Methoden der Sowjets denen der Nazis gleichzustellen. In diesem Zusammenhang spricht er die merkwürdigen Sätze: „Der Kommunist duldet die Lager wegen seiner Ideologie. Er wird humanistisch erzogen, der Nazi antihumanistisch. Das heißt, daß wir mit dem Nazi nichts gemein haben und daß wir eben dieselben Werte besitzen wie der Kommunist... Je mehr wir uns geographisch von der UdSSR entfernen, desto mehr stoßen wir auf Kommunisten, denen wir als Menschen immer nahestehen, und auf eine kommunistische Bewegung, die gesund ist."

Ähnlich zweideutig verhielt sich Sartre gegenüber Stalins Verfemung Titos. Hier wird nun ganz einfach dem Recht gegeben, der Erfolg hat. „Tito", so sagt Sartre mit Merleau Ponty, „hat sich noch nicht das Recht erworben, seine Maßstäbe an unserer Geschichte anzulegen, da er noch nicht ganz Sieger ist, aber er hat bereits das Recht, den Maßstab der anderen abzulehnen, weil er nicht verloren hat." Und anscheinend in vollem Ernst fügt er bei: „Um beschließen zu können, daß Tito ein Verräter ist, müßte die Sowjetunion die Möglichkeit haben, ihn aufzuhängen." In Sartres hier von Hegel beeinflußtem Weltbild wird die Objektivität durch die reale Macht repräsentiert, die Subjektivität durch die Opposition. In dem Maße, in dem die Opposition an Macht gewinnt, wird sie ihrerseits zur historischen Objektivität. So kann er in anderem Zusammenhang zu einem Trotzkisten sagen: „Da ihr allein seid, habt ihr nicht das Recht, der KP den Vorwurf zu machen, sie habe die revolutionären Ziele aufgegeben. Eine Verurteilung könnte nur im Namen der Massen ausgesprochen werden."

Der Einmarsch der Roten Armee in Ungarn im Jahre 1965 und die darauf folgende Hinrichtung Imre Nagys vermochte zwar, wie Simone de Beauvoir bezeugt, Sartre den Appetit zu verderben, zwang ihn aber nicht dazu, mit der Politik der Kommunisten zu brechen.

Im Jahre 1952, einen Monat vor seinem Bruch mit Camus, entschied sich Sartre endgültig, wie er meinte, für eine vorbehaltlose Stellungnahme zugunsten der Sowjetunion, die in seinen Augen trotz aller Schönheitsfehler das Proletariat und damit die Geschichte verkörperte. Die psychologische Verfassung, in der er diesen Schritt tat, beschreibt Simone de Beauvoir folgendermaßen: „Er schrieb den ersten Teil von *Les communistes et la paix* mit einem Ungestüm, das mich erschreckte. Ich schrieb an meine Schwester: 'Im Verlauf von zwei Wochen hat er fünf Nächte lang kein Auge zugetan und die übrigen Nächte nur vier bis fünf Stunden geschlafen.'" Er selbst sagt in seinen *Unveröffentlichten Aufzeichnungen*: „Es galt, den Standpunkt der Sowjetunion vorbehaltlos zu akzeptieren und mich nur auf mich selbst zu verlassen soweit es galt, meinen eigenen Standpunkt aufrechtzuerhalten."

Sie sehen, daß dieses „vorbehaltlose Akzeptieren" wiederum nicht ohne Vorbehalt geschehen konnte.

Kein Wunder, daß die Kommunisten diesen Schritt wiederum nicht honorierten. Sie benützten Sartre für ihre Propaganda, ließen ihn auf internationalen Friedenskongressen sprechen, lächelten und tranken ihm auf Banketten zu, fuhren aber gleichzeitig damit fort, ihn als kleinbürgerlichen und reaktionären Verführer der Jugend zu diffamieren.

Die Freundschaft mit Albert Camus war unter diesen Umständen unmöglich geworden. Nach Simone de Beauvoir nahm sie darum ein so plötzliches Ende, weil „schon seit einiger Zeit nicht mehr viel von ihr übriggeblieben war. Der ideologische und politische Gegensatz, der bereits 1945 zwischen ihnen bestanden hatte, war von Jahr zu Jahr deutlicher geworden. Camus war Idealist, Moralist und Antikommunist. Sartre, dem Marxismus nahe, bemühte sich um ein Bündnis mit den Kommunisten. Während Sartre an die Wahrheit des Kommunismus glaubte, verteidigte Camus immer entschiedener die bürgerlichen Werte."

Camus' *Der Mensch in der Revolte* ist in seiner Quintessenz eine Kampfansage an den Determinismus, sowohl in seiner theologischen Gestalt als Abhängigkeit des Menschen von den Ratschlüssen eines ebenso allmächtigen wie unbegreiflichen Gottes als auch in der verweltlichten Gestalt des marxistischen Historismus.

Diesem Determinismus, für den der einzelne nur zählt, insofern er sich der Bewegung nach einem übergeordneten Ziel einordnet, setzt Camus die Revolte des Individuums entgegen, dem er die Fähigkeit zuerkennt, einem ebenso rücksichtslosen und grausamen wie absurden, aber nicht allmächtigen Geschichtsverlauf Grenzen zu setzen.

Der Grundgedanke des Buches scheint mir in folgenden Sätzen zusammengefaßt zu sein: „Die Geschichte allein ist unfruchtbar. Das Nur-geschichtliche-Denken ebenso wie dasjenige, das sich gegen alle Geschichte wendet, beraubt den Menschen seines Lebenssinnes. Die Geschichte ist nicht Abwesenheit von Wert, noch Wert an sich, noch Rohmaterial von Wert. Sie ist die Gelegenheit, die dem Menschen erlaubt, die Existenz eines noch undeutlichen Wertes zu spüren. Die absolute Revolution setzt voraus, daß sich die menschliche Natur auf eine geschichtliche Kraft reduzieren lasse. Aber die Revolte im Menschen ist die Weigerung, als bloße Sache behandelt zu werden. Sie ist so die Äußerung einer allen

Menschen gemeinsamen Natur, die der Welt der Gewalt nicht angehört. Die Geschichte ist sicherlich eine Begrenzung des Menschen. Aber der Mensch setzt in seiner Revolte seinerseits der Geschichte eine Grenze. An dieser Grenze wird der Keim des Wertes geboren."

Ein solcher Gedanke mußte auch Jean Paul Sartres existentiellem Ausgangspunkt nicht allzu ferne liegen. Um so mehr mußte er ihn stören in einem Moment, in dem er sich, gegen einen Teil seiner selbst, um die Unterwerfung unter eine für ihn die Geschichte repräsentierende Instanz bemühte.

Zunächst scheute er sich davor, das Buch selbst zu rezensieren. Er muß gespürt haben, daß die Freundschaft mit Camus, die trotz allem eine innere Verwandtschaft ausdrückte, einer Auseinandersetzung nicht standhalten werde. Die Aufgabe übernahm, wie es scheint, mehr oder weniger in Sartes Auftrag Francis Jeanson, ein linksradikaler Mitarbeiter an den *temps modernes*.

Albert Camus ou l'âme révoltée

Manches, was Jeanson unter diesem ironischen Titel sagt, hätte Sartre anders und vielleicht milder ausgedrückt, auch hätte er sicherlich manche zu simplistische Interpretation vermieden. Da sich Sartre aber in seiner Replik auf Camus' Antwort mit keinem Wort von Jeanson distanziert, diesen im Gegenteil unter seine Fittiche nimmt, scheint es mir erlaubt, die Nuance, die den einen vom anderen trennen mag, nur gelegentlich zu streifen.

Der erste Vorwurf gilt der Tatsache, daß *Der Mensch in der Revolte* bei einem großen Teil des literarischen und politischen Publikums sehr gut ankam. Camus erntete Lobsprüche von Zeitungen und Zeitschriften der verschiedensten Richtungen, vor allem aber, so Sartre-Jeanson, von seiten der politischen Rechten. Das möge, so der Kritiker, vom perfekten Stil des Essayisten herrühren. Aber eben dieser schöne Stil ist ihm verdächtig. Die Proteste dieser „revoltierenden Seele" sind zu vollkommen und ausgewogen; wörtlich: „Ja, zu schön und überlegen, zu sicher ihrer selbst. Wie da eine Formulierung auf die andere folgt und jede so fein und vollendet wie die andere, gereinigt von jeder realen Existenz, von der keine Spur mehr übrig bleibt. Nur Formeln sind da, die man gerne als transzendente bezeichnen würde."

„Transzendent" bedeutet für Sartre-Jeanson aber in diesem Zusammenhang etwas wie „irreal" oder „unwirklich".

Schon *Die Pest* war eine transzendentale Chronik. Auch die Erzählung *Der Fremde* hatte keine rechte Objektivität, doch war ihre Subjektivität eine konkrete gewesen. Das Subjekt der *Pest* aber befindet sich in schwindelnder Höhe außerhalb der Situation, um die es geht. Es lebt nicht mit und beschränkt sich darauf, zuzuschauen. Die Seuche, von der die Einwohner von Oran überfallen werden, ist Symbol für das Übel, das diese Welt heimsucht. Aber eben diese Analogie ist abwegig, d. h. das Symbol paßt nicht zur historischen Realität. An diesem Mißverhältnis mag wiederum der Stil die Schuld haben. Der Autor spielt die überhebliche und kalte Rolle des Chronisten, d. h. von jemandem, der nicht dazugehört. Einem, der von oben zuschaut, kann die menschliche Aktivität sinnlos erscheinen. Wer aber selbst unter den Menschen lebt, wird seinem Leben einen Sinn geben, und keiner wird das seinige verlassen mit der Ausrede, der Sinn des Lebens sei nur eine Illusion, wenn er sich nicht gleichzeitig den Tod gibt, der dann entscheidet, daß er über nichts mehr entscheiden wird. Freilich will auch Camus dem Absurden einen Sinn gegenüberstellen, doch gelingt ihm das nicht. Sein Doktor Rieux führt einen ungleichen Kampf gegen eine Übermacht, deren er sich selbst bewußt ist. Sein Einsatz, den Sartre-Jeanson ironisch als den einer „Rotkreuzmoral" bezeichnet, muß sich mit dem mehr als bescheidenen Ergebnis begnügen, dem Moloch im besten Falle ein paar Opfer zu entreißen. Qualitativ ändert dieses minimale quantitative Ergebnis gar nichts.

Auf den *homme révolté* zu sprechen kommend, meint Sartre-Jeanson, die Revolte, die Camus angeblich mit anderen Menschen verbindet, sei ein bloß ästhetisches Spiel, denn in ihrer historischen, einzig möglichen Form, der Revolution, lehnt er sie ab. Diese Ablehnung ist so radikal, daß sich Camus nicht davor scheut, folgenden blasphemischen Satz auszusprechen: „Widerlich und skandalös ist es, die Ermordung Ludwig XVI., eines zwar schwachen, aber guten Menschen, als einen großen Augenblick in unserer Geschichte zu feiern. Was der Konvent wirklich getan hat, ist nichts anderes als die Begründung eines neuen Absolutismus."

Camus erklärt diesen Vorgang damit, daß der Mensch, indem er sich über die Tyrannei Gottes erhebt, sich selbst zum Gott machen will. Das heißt, nach Sartre-Jeanson, wenn Stalin seit Jahren darum bemüht sei, den Kommunismus in der Welt zu verbreiten, tue er das, um „nach dem Tode Gottes den Staat eines vergöttlichten Menschen aufzurichten".

Nach Sartre-Jeanson bedeutet diese Interpretation eine Abkehr von allen geschichtlichen Ursachen der Revolutionen in Vergangenheit und Gegenwart, um zu einem sterilen Dialog der Ideen zu gelangen. Auf der Höhe seiner Theologie übersehe Camus die Existenz simpler Menschen, die zum Beispiel Hunger haben und in ihrer inferioren Logik gegen die für ihren Hunger Verantwortlichen kämpfen.

Camus, so Sartre-Jeanson, glaubt nicht an Infrastrukturen, daher seine Angriffe gegen Marx. Sein Hauptschuldiger am modernen Totalitarismus, wie er ihn nennt, ist Hegel, der Werte wie Wahrheit, Vernunft, Gerechtigkeit in die Geschichte integriert, womit er ihnen angeblich jede Transzendenz nimmt. Wörtlich sagt Camus: „Mit Napoleon und Hegel, dem napoleonischen Philosophen, beginnt die Zeit bloßer Wirksamkeit. Die ewigen Prinzipien sind in Zweifel gezogen, der Nihilismus ist da und Cäsar triumphiert."

Camus verwirft so jede Suche nach historischer Wirksamkeit, weil er in einer solchen eine Quelle wiederum historischen Übels sieht. „Aber", so fügt Sartre-Jeanson boshaft hinzu, „man schreckt vor allem davor zurück, eine Ungerechtigkeit zu bekämpfen, um keine größere herbeizuführen, wenn man in Wirklichkeit überhaupt unter keiner Ungerechtigkeit leidet."

Was Camus selbst zur Verbesserung der sozialen Verhältnisse vorschlage, sei dummes Zeug, da er gleichzeitig die Mittel ablehne, die allein zu deren Verwirklichung führen könnten. Eine Wirksamkeit scheine Camus nur dann akzeptabel, wenn sie unbegreiflich sei und der Weihnachtsmann auf die Erde herabsteigen müsse, um sie in Gang zu setzen. Sartre-Jeanson zitiert hier poetische Sätze von Camus, die ihn mystisch anmuten: „Die Gerechtigkeit ist lebendig…" – „Der Geist wohnt über Vulkanen von Licht." – „Der Mittag fällt auf die Bewegungen der Geschichte nieder und erhellt die Wege wahrer Schöpfung…" Doch jetzt dreht Camus plötzlich den Spieß um und will allein der Wirkliche sein, indem er die reine, ungetrübte Revolte für die einzige wahrhaft wirksame Aktion erklärt. Denn es gibt, so predigt er, zwei Arten von Wirksamkeit: die des Wirbelsturms und die des Lebenssaftes. Der historische Absolutismus, so meint er, sei im Grunde genommen gar nicht wirksam, sondern nur verursachend. Einmal an der Macht, zerstöre er die schöpferische Wirklichkeit. Wer würde da, so kommentiert Sartre-Jeanson, nicht den Lebenssaft wählen? Vielleicht sei es nicht immer gut, den Wirbelsturm zu provozieren, aber andere würden es tun und was wolle man da noch ins Feld führen?

Doch weiß Camus angeblich ein konkretes Rezept. Er meint das, was er *revolutionären Syndikalismus* nennt. Mit diesem Namen bezeichnet er die antiautoritäre Arbeiterbewegung der Pariser Commune, den französischen Syndikalismus der Jahrhundertwende und den spanischen Anarchosyndikalismus. Dieses Rezept wird aber von Sartre-Jeanson nicht ernst genommen. Der sogenannte revolutionäre Syndikalismus, meint er, triumphiere da, wo er es nicht nötig habe, revolutionär zu sein, wie in Skandinavien. Sonst habe er nur überall Niederlagen erlitten, die, wie der Untergang der Commune von 1871, die Revolution vor einem schrecklichen Erfolg bewahrt hätten.

Was aber soll man von Camus' Meinung halten, das Schicksal der Welt entscheide sich heute nicht zwischen kapitalistischer und sozialistischer Produktionsweise, sondern zwischen den Kräften der Revolte und der cäsaristischen Revolution? Was von einem Satz wie folgendem: „Gegenüber der triumphierenden Revolution muß die erniedrigte Revolte ihre tiefgreifende Wirksamkeit geltend machen, in ihren Widersprüchen, ihrem Leiden, ihren wiederholten Niederlagen, in ihrem unüberwindlichen Stolz."

Das ist, so Sartre-Jeanson, nichts als sich selbst bespiegelnder Idealismus. Eine solche Revolte kann definitionsgemäß keinen Erfolg haben, da sie sich in dem Moment, in dem sie real und geschichtlich zu werden droht, gegen sich selbst richtet. Die Geschichte war, so der Kritiker, überhaupt nie Camus' starke Seite. Vom Blickfeld afrikanischer Strände aus ist sie vielleicht nichts als eine Halluzination europäischen Stolzes. Schon als Sisyphos wußte Camus, daß es besser sei, nicht zu handeln und wenn doch, davon zumindest kein Resultat zu erwarten.

Aber dann kamen der Krieg und die Resistance, und Sartre-Jeanson kann nicht leugnen, daß Albert Camus an dieser historischen Bewegung einen aktiven Anteil genommen hat. Nach Kriegsende drängte es ihn jedoch, den Versuch zu unternehmen, die Geschichte zu moralisieren. Da diese aber dem Moralisten den Gefallen nicht tat, sich moralisieren zu lassen, mußte es zum Bruch kommen.

Da sich Camus einmal mit der Geschichte eingelassen hatte, mußte er zusehen, sich von ihr wieder zu befreien. Und das tat er, indem er das unveränderlich Schlechte der Welt aufzeigte. „Kinder", so sagte er jetzt, „werden immer ungerecht sterben, auch in der vollkommensten Gesellschaft." Aber Camus geht weiter und erklärt die Geschichte selbst zum Übel. Alles Schlechte ist für ihn jetzt in der Geschichte, das Gute außerhalb von ihr. Neu ist hier nur, daß das absolute, ewig unüberwindliche Übel, das Camus früher allein beschäftigte, zum historischen Übel wird. Das Übel, das ist die Geschichte selbst. Der Schluß liegt nahe, daß der *homme révolté* die Vorbereitung ist für einen definitiven Rückzug des Verfassers in eine ästhetisierende Existenz ohne Geschichte. „Natürlich", so sagt Camus, „verneint der Revoltierende die ihn umgebende Geschichte nicht, aber er befindet sich ihr gegenüber wie der Künstler zur Realität. Wie dieser stößt er sie zurück, ohne sie vernichten zu können." Diese Aussage erinnert Sartre-Jeanson an Hegel. „Das Bewußtsein", so zitiert er den Philosophen, „lebt in der Angst davor, seinen Glanz zu verlieren, und um die Reinheit seines Herzens zu bewahren, flieht es den Kontakt mit der Realität und verharrt in trotziger Ohnmacht." Hegel charakterisiert diese Haltung ironisch als die einer *schönen Seele*, indem er einen Lieblingsausdruck der deutschen Romantik verwendet, der von der mystischen Schwärmerin Frau von Krüdener stammt. Camus selbst will eine solche *schöne Seele* sein, indem er wörtlich für sich „das Recht zur Größe" verlangt.

„Hofft", so fragt Sartre-Jeanson, „Camus wirklich, durch diese Weigerung in der Welt zu handeln, den Lauf der Welt aufhalten zu können?" Camus wirft den Stalinisten und den ihnen folgenden Existentialisten vor, Gefangene der Geschichte zu sein. In Wirklichkeit läuft seine Haltung darauf hinaus, niemals etwas Wirksames zu unternehmen. Damit steht er weder in noch über der Geschichte, wie er wähnt, und seine Revolte kann nur noch seine eigene Person berühren.

Der Revolte macht der Kritiker das Zugeständnis, sie könne einem revolutionären Unternehmen nützlich sein, indem sie den authentischen Geist der absoluten Forderung wachhalte. Doch das setzt seiner Meinung nach voraus, daß sie von der Revolution kontrolliert und in ihre Pläne eingefügt wird. Man denkt bei dieser Äußerung unwillkürlich daran, daß die Kirche ein mystisches Erleben des einzelnen akzeptiert und sich dadurch nutzbar machen will, daß sie es in ihr Dogma einordnen und von dessen Hütern kontrollieren läßt. Wehe ihm aber, wenn es dieser Kontrolle entgeht und ins Ketzerische abschweift.

Denn, so meint Sartre-Jeanson, die schlimmste aller Illusionen wäre, das revolutionäre Projekt einer reinen Revolte, die nur auf sich selbst beruhte, überlassen zu wollen.

Dann aber wird er deutlicher und fügt hinzu: „Wenn

diese Revolte, wie Camus meint, die Geschichte begrenzen und deren Maßlosigkeit nur in ihrer revolutionären Form sehen will, dann macht sie sich, ob sie will oder nicht, zur Komplizin jener anderen Maßlosigkeit, deren Unterdrückung der vornehmste Teil des revolutionären Unternehmens ist."

Und nun, erst gegen den Schluß der Polemik, kommt der eigentliche politische Gegensatz zum Vorschein, der sich bis dahin hinter abstrakten Argumentationen verborgen hielt.

„Es kann sein, daß für unsere unkorrigierbar bürgerlichen Augen der Kapitalismus ein weniger verzerrtes Gesicht hat als der Stalinismus. Was für ein Gesicht zeigt er aber dem Bergarbeiter in der Tiefe des Schachts, dem wegen Streiks gemaßregelten Beamten, dem mit Napalm behandelten Vietnamesen, dem von der Legion mißhandelten Tunesier?"

Mit Bedauern stellt Sartre-Jeanson schließlich fest, daß Camus mit seinem verfehlten Buch seine eigene Wirklichkeit einer Pseudophilosophie und einer Pseudogeschichte der Revolutionen geopfert hat.

Albert Camus' Antwort

In seiner Antwort bleibt Albert Camus seinem Kritiker an Deutlichkeit nichts schuldig.

Daß *Der Mensch in der Revolte* von vielen Seiten gelobt worden ist, stört seinen Verfasser nicht. Ebensowenig macht es ihm zu schaffen, daß dies, nach der Behauptung seines Kritikers, vor allem von seiten der Rechten geschah. „Über die Wahrheit eines Gedankens", so antwortete er, „entscheidet nicht, ob er rechts oder links ist und noch weniger, was die Rechte und was die Linke aus ihm machen... Wenn es mir erschiene, die Wahrheit sei auf der Rechten, so wäre ich dort. Das ist euer Problem, nicht meins." Im übrigen kann er zur Beruhigung der Linken auf mehrere Angriffe von seiten nicht nur der extremen, sondern auch der gemäßigten Rechten verweisen.

Doch, so Camus, gibt es für Sartre-Jeanson zwischen

einem Kritiker des dogmatischen Marxismus und der politischen Rechten keine klare Grenzlinie. Da sich aber im *Mensch in der Revolte* kaum etwas finden ließ, was man aus sich selbst als reaktionär bezeichnen könnte, mußte der Nachweis geführt werden, daß die Haltung dieses Buches objektiv der Reaktion dient.

Ihm werde sein Stil vorgeworfen, nicht etwa, weil er schlecht wäre, sondern im Gegenteil, weil er zu perfekt und zu schön sei.

Somit wäre der gute Stil rechts und die Linken müßten sich, um sich selbst zu sein, eines häßlichen Jargons befleißigen.

Nach Sartre-Jeanson werde ein Protest, wenn er zu treffend und zu schön formuliert werde, sozusagen sterilisiert und neutralisiert. „So bin ich also", schließt Camus, „durch meinen Stil, der gut oder schlecht sein mag, aber den ich nun einmal habe, dazu verurteilt, den Verbrechen der Bourgeoisie als teilnahmsloser Zuschauer gegenüberzustehen."

Das bedeutet offensichtlich Ablehnung der historischen Wirklichkeit und Weigerung, aktiv in diese einzugreifen. „Wer aber", so Camus wörtlich, „die *Pest* vom Anfang bis zum Ende durchgelesen hat, weiß, daß ihre Zentralfigur, der Arzt Rieux, am eigenen Leibe verspürt, wovon er spricht."

Seltsamerweise charakterisiert der Kritiker die Haltung der Hauptfiguren in der *Pest* als die einer „Rotkreuzmoral". Wie aber sollte man in der Rolle des reinen Betrachters einer solchen Moral gerecht werden können?

Vom Blickpunkt eines gut geheizten Redaktionszimmers aus kann man das Ideal dieser respektablen Gesellschaft als fadenscheinig beurteilen, aber man kann nicht gut abstreiten, daß das aus ihm fließende Verhalten vor allem auf Kontemplation zugunsten einer unmittelbaren Aktivität verzichtet.

Sartre-Jeanson will zwischen dem *Fremden* und der *Pest* eine Entwicklung von „subjektivem Realismus" zu kühler Distanz, aus schwindelnder Höhe zur sozialen Wirklichkeit sehen. In Wahrheit, antwortet Camus, verhalte es sich gerade umgekehrt. Niemand, der diese Bücher kennt, könne ableugnen, daß, wenn es eine Entwicklung vom *Fremden* zur *Pest* gebe, diese im Sinne einer Bewegung von distanzierter Teilnahmslosigkeit zu solidarischer Teilnahme verlaufe. Das Gegenteil sagen, hieße lügen oder träumen.

Als Grundthesen seines *homme révolté* bezeichnet dessen Verfasser: Die Definition einer Grenze, die durch die Bewegung einer Revolte selbst an den Tag getreten ist, die Kritik des nachhegelschen Nihilismus und der Marxschen Prophetie, die Analyse der dialektischen Widersprüche angesichts der Frage nach einem Ziel der Geschichte, die Kritik des Begriffs einer objektiven Schuld usw.

Um die Diskussion dieser Grundthesen umgehen zu können, beschäftigt sich Sartre-Jeanson mit einer These, von der in diesem Buch keine Spur zu finden ist. Es wird rundweg behauptet, Camus desinteressiere sich zugunsten einer hochtrabenden Theologie am Elend derer, die Hunger hätten. „Ich tröste mich", ist Camus' Antwort, „über diese Unterstellung damit, daß mir ein christlicher Kritiker vorgeworfen hat, ich vernachlässige die geistigen Bedürfnisse der Menschen zugunsten der materiellen. Alles Schlechte befindet sich innerhalb der Geschichte, alles Gute außerhalb. So definieren sie die Quintessenz meines Buches." Camus protestiert auch hier. Es sei im Gegenteil im *homme révolté* deutlich gesagt, daß derjenige, der nur an die Geschichte glaubt, auf den Terror zusteuert und derjenige, der sie leugnet, den Terror rechtfertigt oder zumindest in Kauf nimmt. Die Geschichte leugnen, bedeute die Realität leugnen. Wenn man aber die Geschichte als ein Ganzes betrachtet, das sich selbst genüge, entferne man sich ebenso von der Wirklichkeit.

Da die Geschichte das Reale ist, meint Camus, wäre deren Verneinung an und für sich nichts als Unsinn. Sein Anliegen sei jedoch die Bekämpfung einer Haltung, die aus der Geschichte ein Absolutes machen will. Eine Auseinandersetzung mit dem Kritiker wäre nur möglich, wenn dieser behaupte, man könne sich der Geschichte anvertrauen, ohne dabei an einen übergeschichtlichen Wert zu appellieren. Eine solche Behauptung wäre allerdings schwer zu belegen. Sartre-Jeanson dispensiere sich davon, indem er ganz einfach behaupte, Camus verneine in seinem Werk die Geschichte, was nichts anderes heißen würde, als er verneine die Realität. Und so gelangt er zum Gemeinplatz, daß nicht nur der Stalinismus und der ihm folgende Existentialismus Gefangene der Gesellschaft seien, sondern auch Camus selbst, obwohl dieser sich über sie erhaben wähne.

„Dieses wahrscheinlich gewollte Mißverständnis bringt es mit sich, daß der Kritiker überall, wo er Historismus sagen sollte, Historie sagt, was dazu führt, den Verfasser des *Menschen in der Revolte* als einen träumerischen Idealisten erscheinen zu lassen."

Aus solcher angeblichen Verneinung geschichtlicher Realität ist dann leicht zu folgern, man verwerfe politisches Handeln überhaupt: „Indem er mir Indochinesen, Algerier, Madagaskarianer und Mineure an den Kopf schmeißt, kann er leicht beweisen, daß eine solche Position, die ich nie eingenommen habe, unhaltbar ist."

Mit dem *homme révolté*, so unterstellt Sartre-Jeanson, machte Camus den Versuch, seinen Rückzug aus der Geschichte, in deren Strudel er durch die Resistance hineingezogen worden war, vor sich selbst und der Welt zu rechtfertigen. Dies ist nun in Camus' Augen barer Unsinn. Während der Zeit, als er sich angeblich darauf beschränkt habe, seinen Körper auf Algeriens Stränden zu sonnen, habe er einen harten Kampf für die Gleichberechtigung der Algerier ausgefochten. Die Partei, die von Sartre-Jeanson so lebhaft verteidigt werde, habe damals wegen der Bündnispolitik der Sowjetunion die algerische Sache fallengelassen.

Die an Gewalttätigkeiten wahrlich nicht arme Zeit der Resistance sei keine Epoche gewesen, in der sich friedlich und moralisch unbeschwert Geschichte machen ließ, wie Sartre-Jeanson zu glauben vorgäbe. Solche unsachlichen Polemiker könnten einen allerdings in Versuchung führen, sich aus der politischen Realität in eine unverbindliche künstlerische Welt zurückzuziehen. Hätte er,

Camus, aber diese Absicht, so würde er es offen erklären und hätte es nicht nötig, ein politisches Buch von 400 Seiten zu schreiben.

Jetzt geht Camus seinerseits zum Angriff über. Sartre-Jeanson, so vermutet er, sieht sich zu solchen Verdrehungskünsten genötigt, weil er selbst Opfer innerer philosophischer Widersprüche ist. Ohne Marxist zu sein, wie jedermann weiß, verteidigt er in diesem Fall das strikte marxistische Dogma, als ob er Marxist wäre. Alle nicht-marxistische Tradition, wie der heute noch in Spanien lebende Bakunismus und der Syndikalismus französischer Observanz, wird ignoriert. Zum Marxismus gibt es überhaupt keine sozialistische Alternative und darum außer dem kapitalistischen Status quo und dem cäsaristischen Sozialismus keine dritte Möglichkeit. Warum ist denn, so fragt Camus, der Marxismus allein revolutionär? Und er gibt für Sartre-Jeanson die Antwort: „Weil dieser allein über eine Polizei und über eine Armee verfügt."

Camus anerkennt, daß Marx in manchen Punkten seiner Kritik recht hatte, glaubt aber, daß er sich in den meisten seiner Prophezeiungen irrte. Über das wäre zu reden gewesen. Sind denn die Thesen von Karl Marx etwa nicht ideologische? Glaubt Sartre-Jeanson, wie er vorgibt, wirklich an geschichtliche Infrastrukturen, so müßte er zugeben, daß sich Marx nach einem Jahrhundert historischer Veränderungen eine grundlegende Kritik gefallen lassen müßte, ohne daß dies ein Skandal wäre.

Camus' Hauptangriff gilt aber einem Punkt, zu dem sein Kritiker nicht redet, sondern schweigt: dem Verhältnis der Revolution des 20. Jahrhunderts zum Staatsterrorismus, dem der *homme révolté* trotz seiner angeblichen Wirklichkeitsferne in allen Einzelheiten nachgeht. Dieser Punkt wird von Sartre-Jeanson kaum erwähnt. „Kein Kritiker meines Buches", so Camus' Antwort auf dieses Stillschweigen, „darf die sowjetischen Konzentrationslager beiseite lassen."

In einer Anmerkung setzt sich Camus mit dem vielgehörten Einwurf, man solle zuerst vor der eigenen Tür kehren, auseinander. Im vorliegenden Falle hieße das „zuerst Madagaskar, nachher Sibirien".

Dieser Einwand ist, so Camus, manchmal berechtigt. Man hätte ein bedingtes Recht, über die sowjetischen Konzentrationslager zu schweigen, wenn man nicht von der revolutionären Ideologie und vom Marxismus reden würde. Tut man das aber – und es ergibt sich aus der Beschäftigung mit dem *homme révolté* –, so ist über das erstere zu schweigen unmöglich. Dann muß man sich die direkte Frage gefallen lassen: „Rechtfertigt ihr die Existenz dieser Lager?" Die Kritiker scheinen ja zu sagen zu einer Doktrin, aber über die politische Konsequenzen, die diese im Gefolge hat, zu schweigen.

Zur psychologischen Aufklärung dieses Rätsels dient Camus das von Sartre-Jeanson hingeworfene Wort: „Mit unseren unkorrigierbar bürgerlichen Augen." „Der Plural", so antwortet er, „ist hier zuviel, aber das Adjektiv 'unkorrigierbar' ist bedeutungsvoll." Camus betrachtet sich selbst nicht als Bourgeois, wohl aber seine Kritiker. „Diese Intellektuellen leiden unter einem latent schlechten Gewissen. Sie wollen ihren Ursprung loswerden und sei es unter Vergewaltigung ihrer Intelligenz." Das *sacrificium intellectue*, das die Kirche von ihren Gläubigen fordert, spricht in diese Argumentation deutlich hinein.

Im Grunde genommen, so Camus, sage hier ein Intellektueller, dessen Denkungsart mit dem Marxismus nicht vereinbar sei, nicht seine eigene Meinung, sondern die eines bereuenden Bourgeois.

Wir werden sehen, daß sowohl Sartre als auch Jeanson auf diese Stelle in Camus' Antwort besonders empfindlich reagieren.

Nach dieser psychologischen Erörterung stößt Camus ins Zentrum des Gegensatzes vor. Der innere Widerspruch von Sartre-Jeansons Philosophie besteht nach Camus' Ansicht darin, daß dessen Existentialismus mit dem von ihm adoptierten Marxismus nicht vereinbar ist.

Wie könnte sich die Lokalisierung der Freiheit ans Ende der Geschichte mit der Freiheitssituation, in der sich jedes Individuum befindet, von dem Sartre in seinen philosophischen Werken spricht, vereinbaren? Aber Camus bleibt bei diesem Widerspruch, den er in Sartres Haltung sieht, nicht stehen, sondern kritisiert gleichzeitig einen zentralen Punkt der Sartreschen Wertphilosophie überhaupt, wenn er wörtlich sagt: „Wenn der Mensch keinerlei Zielsetzung besitzt, die man nach einem Wertmaßstab bestimmen könnte, wie könnte dann die Geschichte eine solche haben, die man heute wertmäßig begreifen könnte? Wenn die Geschichte aber eine solche hat, warum macht sie der Mensch nicht zu seiner eigenen? Wenn er es aber täte, wo bliebe dann die schreckliche Sartresche Freiheit, in der er sich befindet?“

Um seinen Existentialismus mit dem Marxismus einigermaßen zu versöhnen, muß Sartre demonstrieren, daß die Geschichte kein letztes Ziel hat, daß sie aber einen Sinn oder eine Marschrichtung hat, die ihr aber nicht transzendent ist. Diese Schwierigkeit führt Sartre dazu, den Menschen von jedem Gewissenszwang zu befreien und ihn anschließend einer historischen Notwendigkeit zu unterwerfen. Die letztere verkörpert sich praktisch in einer Partei, die für ihr Handeln kein anderes Kriterium kennt als das einer erfolgreichen Wirksamkeit.

„Und das bedeutet, von der absoluten Freiheit zur absoluten Knechtschaft übergehen. Härter ausgedrückt heißt es, es sich zur Aufgabe machen, Sklaven zu fabrizieren.“ Um zu seinem Zwecke zu gelangen, spannt Sartre-Jeanson auch die Revolte ein, aber so, daß ihr gleichzeitig die Flügel beschnitten werden. Wörtlich: „Sie wollen, daß man gegen alles rebelliere, ausgenommen die Partei des kommunistischen Staates.“

Darauf folgt Camus' Bekenntnis zu einer übergeschichtlichen Instanz. Er sagt seinem Kritiker: „Revoltieren kann man nur im Namen der menschlichen Natur, die Sie verneinen. Ihre Rebellion geschieht daher im Namen der Geschichte. Da man sich aber nicht im Namen von nichts erheben kann, muß es sich um eine mit Bedeutung erfüllte, eine vergöttlichte Geschichte handeln, und das heißt, man unterwirft sich jenen, die behaupten, die Priester Gottes zu sein.“

Doch hier ist Sartre-Jeanson in Camus' Augen nicht konsequent. Seine philosophische Zweideutigkeit führt ihn in eine politische. Seine „unkorrigierbar bürgerlichen Augen“ hindern ihn an einer eindeutigen, sowohl philosophischen als auch politischen Stellungnahme. So kommt ein komplexes Gebilde zustande, bei dem sich schlechtes Gewissen und Überheblichkeit die Hand geben.

Wörtlich: „Man verliert alles, indem man alles gewinnen will. Man klagt mich ohne Beweise an, nichts unternehmen zu wollen, und lehrt gleichzeitig, nichts zu tun mit dem Wollen, alles zu unternehmen.“ Und seinerseits boshaft, fügt Camus bei: „Man beschuldigt mich, mich in den Wolken zu verlieren, und fliegt gleichzeitig zwischen Himmel und Erde, ohne sehen zu wollen, daß einem zu Füßen die Polizei handelt. So muß ich unaufhörlich Lektionen in historischer Wirksamkeit über mich ergehen lassen von seiten derer, die nie etwas anderes getan haben, als ihre Sessel nach dem Wind der Geschichte zu richten.“

Einmal im Zuge, beschimpft er seine Widersacher als „Pharisäer der Gerechtigkeit, die das Elend der Völker, als deren Advokaten sie sich aufspielen, ohne deren Brüder zu sein, zum Zwecke der Macht ausnützen“.

Gegen diese protestiert er im Namen all derer, für die „die Geschichte ein Kreuz und nicht ein Dissertationsthema ist“.

Vorsichtig umreißt Camus zum Schluß seiner Antwort eine eigene Richtlinie zum praktischen Handeln: „Ich habe nichts Definitives vorzuschlagen. Aber hie und da glaube ich zu sehen, was von der geschichtlichen Realität und in den Doktrinen im Osten und im Westen sterben und was überleben sollte... Wir werden die Übel unserer Zeit nicht überwinden, wenn wir das Individuum theoretisch befreien wollen und gleichzeitig hinnehmen, daß der Mensch in gewissen Situationen versklavt werden darf. Wir werden die Tyrannen unserer Zeit nicht wirklich bekämpfen können, seien Sie sicher, wenn wir zwischen ihren Sklaven einen Unterschied machen und die einen vor das Gericht der Geschichte zitieren, während wir die anderen der Vergessenheit überantworten.“

Die Repliken von Sartre und Jeanson auf Camus' Antwort bestehen zum großen Teil aus Wiederholungen des schon in der ersten Kritik Gesagten, wobei der Ton der Polemik stellenweise schärfer und gehässiger wird, einzelne Punkte deutlicher herausgestellt werden, vor allem aber die aktuellen politischen Meinungsverschiedenheiten stärker zum Vorschein kommen.

Anders als bei Jeanson spürt man bei Sartre aber immer noch das alte existentialistische Einvernehmen durchschimmern, das dann im Nekrolog nach Camus' tödlichem Unfall wieder durchbrechen sollte. Zwischen den Maschen der spielerischen Dialektik, die Sartres Stil auszeichnen, entschlüpfen ihm Bemerkungen verräterischer Ehrlichkeit. So sagt er bei einer Gelegenheit: „Sie sind mir vollkommen unerträglich, Camus, aber aufgrund der Logik der Dinge trotzdem mein Nächster." Und am Schluß: „Ich hoffe, daß unser Schweigen diese Polemik vergessen werden läßt."

Wieder wird Camus ein zu schöner Stil vorgeworfen. „Was ich Ihnen vorwerfe", sagt Sartre, „ist nicht Ihr pompöses Auftreten, das Ihrem Naturell entspricht, sondern die Leichtigkeit, mit der Sie Ihre Entrüstung dämpfen. Mit welcher Beherrschung bewahren Sie Ihre Ruhe, um dann plötzlich Ihren Zorn wirkungsvoll hervorbrechen zu lassen, den Sie dann wiederum in ein Lächeln übergehen lassen." All dieses erinnert Sartre an das Vorgehen eines Advokaten in einem Geschworenenprozeß. „Oder hat Sie die Republik der schönen Seelen zu ihrem Ankläger gemacht?"

Aufs höchste gereizt ist Sartre über die ihm von Camus zugeschobene Rolle eines Bourgeois mit schlechtem Gewissen. „Sie sind ein Bourgeois wie Jeanson und ich. Sie sind ein Advokat, der sagt: 'Das sind meine Brüder', weil dies ein Wort ist, das am meisten Aussicht hat, die Geschworenen zum Weinen zu bringen. Es ist möglich, daß Sie arm gewesen sind, aber Sie sind es nicht mehr." Die Lebensweisheiten eines Albert Camus, so Sartre, könnten einem Angehörigen der Arbeiterklasse nichts geben, denn „Sie sind ein Bourgeois, wie könnten Sie etwas anderes sein!"

Im Namen des Proletariats läßt Sartre einen fiktiven kommunistischen Arbeiter sprechen: „Ich bin es müde, zuzusehen, wie Bourgeois wie Sie unsere Partei zerstören wollen, die unsere einzige Hoffnung ist. Unsere Hoffnungen sind nämlich nicht die Ihren. Sie sind vielleicht mein Bruder. Die Bruderschaft kostet ja so wenig, sicher sind Sie nicht mein Kamerad."

Jeanson doppelt nach: „Es ist mir gleichgültig, ob Sie als Bourgeois geboren sind oder nicht. Sie sind es durch die Kultur geworden, denn ich bin davon überzeugt, daß ein von bürgerlicher Kultur geformtes Bewußtsein niemals vom Gesichtspunkt eines proletarischen Bewußtseins aus denken kann." Bemerkenswert ist, daß der Pferdefuß, an dem man den Bourgeois erkennt, hier nicht mehr Geld, Macht, noch Ausbeutung ist, sondern Kultur. In Wirklichkeit geht es Sartre wie Jeanson um die positive oder negative Einstellung zur Sowjetunion und vielleicht noch mehr zur kommunistischen Partei Frankreichs als der einzigen ernst zu nehmenden Repräsentantin des Proletariats und damit der Geschichte selbst.

Camus hat sich darüber empört, daß Sartre-Jeanson in der Kritik seines Buches über die sibirischen Konzentrationslager kein Wort verlor.

Doch befindet sich Sartre selbst in diesem Punkt in einem Dilemma. Nach David Roussets Enthüllungen hat er, wenn auch mit Vorbehalten, diese Lager verurteilt. In seiner Verlegenheit hilft sich Sartre mit einer kleinen belletristischen Einlage. Albert Camus wechselt seine Rolle. Aus dem Advokaten wird ein Kriminalkommissar auf der Spur eines Verbrechers: „Jetzt befinden wir uns am Quai d'Orfèvre. Der Flic marschiert auf und ab, seine Stiefel poltern auf dem Fußboden wie im Kino: 'Rede schon! Wir wissen alles. Dein Schweigen macht Dich nur verdächtig! Sag es schon! Du bist Komplize. Du kanntest diese Lager. Gib es zu, dann wird das Gericht für dich mildernde Umstände gelten lassen.'" Auch Sartre findet diese Lager unakzeptabel, aber mehr noch den Gebrauch, den die bürgerliche Presse von ihnen macht. Camus wirft er zudem vor, sich ihrer zu bedienen, um einer Kritik zu begegnen, die ihn nicht lobt. Schwerer wiegt, daß Camus die russischen Lager als Argument verwendet, um seinen Quietismus zu rechtfertigen, der sich weigert, zwischen den Herrschenden zu unterscheiden. Sartre: „Wenn man, wie Camus das tut, Sklaverei und Unterdrückung, auf welcher Seite sie auch geschehen, in einen Topf wirft, so kann die Sympathie, die man zu den Sklaven hat, nur abstrakt und unfruchtbar sein, dies um so mehr, als die Sklaven öfters Alliierte derjenigen sind, die Camus als Herrscher bezeichnet. So wären nach Camus die kolonisierten Vietmin Sklaven, aber gleichzeitig auch Herrscher, da sie Kommunisten sind."

„Wir sind gleichzeitig für und gegen Stalin", erklärt Jeanson. „Wir sind gegen ihn, indem wir seine Methoden kritisieren. Wir sind für ihn, weil wir nicht wissen, ob die sogenannte authentische Revolution nicht eine bloße Phantasie ist und ob es nicht notwendig ist, daß das revolutionäre Unternehmen zunächst diesen Weg beschreite, bevor es in der Lage sein wird, eine menschlichere Ordnung zu verwirklichen."

Anschließend kommt dann das Argument, das nie fehlen darf: „Die wichtigste Aufgabe ist heute, für den Frieden zu kämpfen, und in dieser Hinsicht sind alle unsere Anstrengungen vergebens, wenn wir sie nicht im Bündnis der Arbeiter dieses Landes machen." Stillschweigend identifiziert Jeanson hier die Sowjetregierung mit den Arbeitern Rußlands. „Millionen wehren sich einfach dagegen, unterdrückt zu werden. Dürfen wir für den Preis, den sie zahlen, ein Urteil fällen?"

Camus wird anschließend seine Einsamkeit vorgeworfen: „Sie meinen, ich hielte Sie für einen Mann der Rechten. Aber nein, das wollte ich gar nicht sagen. Sie sind nicht rechts, Camus. Sie sind in der Luft."

Sartre hält es seinem ehemaligen Freund zugute, daß er sich jederzeit auch gegen rechts gewandt habe. Aber eben darum, so meint er, bleibe ihm jede Wirksamkeit unter Menschen versagt. „Sie tadeln das europäische Proletariat, weil es die Sowjetunion nicht öffentlich verurteilt, aber Sie tadeln auch die europäischen Regierungen dafür, daß sie Franco-Spanien in die UNESCO aufgenommen haben. Da sehe ich nur einen Ausweg für Sie: Die Inseln Galapagos!"

Spricht aus diesen Worten Sartres noch etwas wie Bedauern und Mitleid, so aus diesen Jeansons nur noch Gehässigkeit: „Sie sind allein, Camus, allein mit Ihrem Lesepublikum, einem Publikum von Einzelgängern. Insgeheimes Einverständnis mit den herrschenden Verhältnissen nennen Sie Revolte. Begleitet wird dieser Verzicht von einem Gefühl der Ohnmacht und des Rückzugs auf sich selbst, das dem Egoismus so nahe ist."

Angesichts des lebenslangen politischen Engagements von Albert Camus liegt die Ungerechtigkeit dieses Vorwurfs auf der Hand. Und doch scheint dieser sich irgendwie betroffen gefühlt zu haben. In seiner letzten, *Der Fall* überschriebenen Novelle, die Sartre übrigens für die bedeutendste hält, stellt Camus einen Pariser Advokaten vor, der ein halbes Leben lang geglaubt und die Welt glauben gemacht hat, er sei ein sich aufopfernder Menschenfreund, bis ihn ein tragisches Versagen davon überzeugt, daß er nur ein heuchlerischer Egoist ist. Als „Bußrichter" zieht er sich in eine Amsterdamer Hafenkneipe wie in eine Art Klosterzelle zurück, von der aus er die ganze Welt der Lüge bezichtigt, die er bei sich selbst entdeckt hat. Nach des Autors eigener Äußerung ist diese Geschichte als Satire auf den Pariser literarischen Intellektualismus gedacht. Aber ohne Zweifel trägt dieser Bußrichter Züge, die an die von Sartre-Jeanson gemachte Karikatur Camus' erinnern.

Die Unterscheidung zwischen Historismus und Historie, die Camus ihm entgegenhält, nimmt Sartre nicht ernst. Beinahe überhört er sie. „Hat die Geschichte einen Sinn? So fragen Sie. Für mich hat diese Frage keinen Sinn... Historisch wird der Mensch, um das Ewige zu erlangen, und er entdeckt das Universale in der Befolgung des Konkreten... Marx hat nie gesagt, die Geschichte habe einen Sinn... Er hat nur vom Ende der 'Vorgeschichte' gesprochen, d. h. von einem Ziel innerhalb der Geschichte, das von der Geschichte überholt werden wird."

Jeanson, direkter wie immer, wirft Camus vor, in bezug auf die Geschichte mit zweierlei Karten zu spielen: "Indem Sie sich dafür entschließen, sich gegen die Geschichte zu stellen, versuchen Sie stellenweise, diese Ihre Ablehnung als eine Unterstützung der Geschichte auszugeben." Da sei aber ein bloßes Spiel, das von dem wirklichen Verhalten Camus' Lügen gestraft werde.

Ich kann mich nicht enthalten, Ihnen in diesem Zusammenhang ein paar Sätze vorzulesen, die Jean Paul Sartre im Jahre 1945 in einem Aufsatz über die französischen Kollaborateure niedergeschrieben hat: „Der Kollaborateur ist von jener Krankheit befallen, die man Historismus nennen kann. 'Wer sich einer verlorenen Sache verschrieben hat', so dachten diese Anpasser, 'kann sehr wohl als schöne Seele erscheinen.' Er ist darum nicht weniger ein Verirrter und Verspäteter in seinem Jahrhundert. Für den vom Historismus Befallenen geht die Herrschaft des Faktischen einher mit einem unbestimmten Glauben an den Fortschritt. Dieser Realist dispensiert sich davon, den Beruf des Menschen auszuüben, jenen verbohrten und beschränkten Beruf, je nach Grundsätzen ja oder nein zu sagen, zu unternehmen, ohne hoffen zu können, beharrlich zu bleiben auch im Mißerfolg... Natürlich spielt hier ein falsch verstandener Hegelianismus mit. Man heißt die Macht gut, weil alle Veränderungen auf Gewalt beruhen, und der bloßen Kraft mißt man eine dunkle, moralische Tugend bei..." Man hat hier das Gefühl, es mit einem anderen Jean Paul Sartre zu tun zu haben. Sieben Jahre später nimmt derselbe Jean Paul Sartre eben den Standpunkt ein, den er hier anprangert.

Das Dritte Reich, das den Kollaborateuren endgültige Geschichte zu machen schien, ist endgültig untergegangen. Den Sinn der Geschichte verkörpert jetzt für eine andere Stalins Sowjetunion. Hätte man Sartre auf diesen Widerspruch aufmerksam gemacht, so hätte er vielleicht geantwortet: „Halt, Bauer, das ist ganz was anderes."

Wo aber ist in diesem Menschen- und Geschichtsbild ein Platz für die Freiheit? Camus beschuldigt, wie wir sahen, Sartre, eine „ungebremste Freiheit" zu proklamieren und den Menschen mit dieser in die totale Sklaverei zu führen. Dafür erhält er von Sartre eine etwas dunkle philosophische Belehrung: „Die Freiheit ist nicht eine reale Kraft dieser Welt, die gebremst werden könnte, sie ist überhaupt keine Kraft. Das ist purer Unsinn. Sie ist oder sie ist nicht, aber wenn sie ist, so ist sie absolut und gehört einer anderen Ordnung an als die Kette der Ursachen und Wirkungen.“ Doch will der Philosoph seinem Kollegen nicht die Lektüre seines Buches über *Das Sein und das Nichts* empfehlen, da dieser die Schwierigkeiten des Denkens zu scheuen scheint. „Zwischen Hegel und mir“, so fügt er bei, „besteht zumindest eine Gemeinsamkeit, nämlich die, daß Albert Camus uns nicht gelesen hat.“

Sie sehen, wie die Freiheit hier bei Sartre gleichsam zurückgenommen wird an einen abstrakten Ort. Sie ist absolut und abstrakt und vermag den Weg zum Relativen, Konkreten, das man auch als das Historische bezeichnen könnte, nicht zu finden und muß sich in der politischen Praxis objektiven Mächten unterwerfen. Man denkt hier unwillkürlich an Luthers *Freiheit eines Christenmenschen*, die absolut ist im Innern des Menschen, aber, hier gleichsam eingekapselt, in der Welt der von Gott eingesetzten Obrigkeit den Weg freigibt.

Da aber Gott tot ist, tritt jetzt die „Geschichte“ oder was man dafür hält an seine Stelle. Camus' „Unglaube an die Geschichte“ ist denn auch in Sartres und Jeansons Augen so etwas wie eine Gotteslästerung.

Darum, so meint Sartre, könne die Rechnung für Camus auch nicht aufgehen. „Da die Geschichte, die Sie zurückweisen, ihrerseits Sie zurückwies, wurden Sie zum Terroristen. Sie sind nur noch die Abstraktion eines *Révolté*. Ihr Mißtrauen läßt Sie vermuten, daß jeder Angeklagte von vornherein ein Schuldiger sei. Daher Ihre Polizeimethoden gegen Jeanson.“ Wenn man das liest, schüttelt man zunächst den Kopf. Doch muß Camus in diesem von einem ungeheuren Ressentiment eingegebenen Anwurf ein Körnchen Wahrheit gefunden haben. Wie sehr gleicht doch wieder dieser von Jean Paul Sartre erfundene Albert Camus dem von Albert Camus erfundenen Amsterdamer „Bußrichter“, der wegen seines eigenen Schuldbewußtseins die ganze Welt schuldig spricht. Repräsentiert dieser „Bußrichter" Sartre oder Camus selbst? Oder vielleicht beide?

Geschichte und Freiheit

Fassen wir zusammen:

Die Geschichtsbegriffe Albert Camus' und Jean Paul Sartres kommen sich im Grunde recht nahe. Die Geschichte ist ihnen das faktisch Gegebene, das, was nicht von meinem Willen abhängt, was mich von außen ergreift und in seinen Bann zwingt. Sie ist kollektives Schicksal, das meinem persönlichen Empfinden und Denken fremd ist. Sie ist das grenzenlos Überlegene und Undurchdringliche. So gleicht sie dem Gott der orthodoxen Theologie, dessen Gedanken nicht unsere Gedanken sind. Die Wege der beiden Existentialphilosophen trennen sich aber dort, wo sich die Frage nach einem eigenen Standpunkt in und gegenüber der Geschichte stellt.

Obwohl in Camus' Frühzeit das sich ewig wiederholende Wechselspiel der Natur von Licht und Schatten, Glück und Verzweiflung, Leben und Tod zentraler zu sein scheint als die soziale Bedingtheit der Menschen, ihre Ideale, Kämpfe und Wandlungen, so hat er doch, wie wir sahen, von Jugend an nicht abseits von Geschichtlichem gelebt. Schon vor dem Zweiten Weltkrieg und der Resistance empörte er sich gegen den Hunger der Kabylen und setzte sich für die Gleichberechtigung aller Nationalitäten Algeriens ein. Doch stand er gleichzeitig mit einem Bein immer außerhalb des Geschichtlichen im Zeitlosen. Dieses fand seinen Ausdruck in poetischen Natur- und Menschenbildern, die immer einen symbolischen Charakter haben. Die Problematik zwischen politischem Engagement und dichterichem Ruhen im Zeitlosen kommt in Camus' *Brief an einen deutschen Freund*, den er noch während der Besetzung schrieb, deutlich zum Ausdruck. Sie verdichtet sich nach der „Befreiung" angesichts der Sachlage, daß ein Teil seiner Genossen im Namen der Geschichte ein System guthieß oder verharmloste, das dieselben totalitären Methoden anwandte wie dasjenige, das man gemeinsam bekämpft hatte. Diese Situation führte zum Durchbruch einer Auflehnung gegen eine Verabsolutierung der Geschichte.

Jean Paul Sartre dagegen ist, wie er selbst bezeugt, erst durch das Erlebnis des Zweiten Weltkrieges, in dem er eine mehr oder weniger passive Rolle spielte, mit der Geschichte in Berührung gekommen.

Sein Eingreifen in die Politik in den Nachkriegsjahren geschah ähnlich dem Camus' immer mit einer gewissen Reserve. Er politisierte nicht als Haupt einer politischen Bewegung, sondern eines literarischen Zirkels. Auch während der Periode seines großen Einsatzes für die Politik der kommunistischen Partei konnte er sich nie dazu entschließen, dem Beispiel Louis Aragons zu folgen und dieser Partei beizutreten. Diese Partei, der er nicht beitrat, repräsentierte aber in seinen Augen so etwas wie die Geschichte selbst. Das heißt, daß er sich als Person gewissermaßen außerhalb der Geschichte befindlich betrachtete. Im Gegensatz zu Albert Camus verspürte Sartre aber den Drang, der zeitweise übermächtig wurde, sich dieser Geschichte, die er nicht war, zu unterwerfen. Wir haben gesehen, wie der Entschluß zu dieser Unterwerfung, nach Simone de Beauvoirs Zeugnis, ihm zeitweise Schlaf und Appetit raubte. Auch scheint der Alkohol bei der Überwindung von Skrupeln und Zweifeln eine nicht unwesentliche Rolle gespielt zu haben.

Derjenige Teil Sartres, dem diese Unterwerfung nicht gelang, war der Bourgeois in ihm, den er haßte und bekämpfte wie ein Christ seine Sünde. Als einen Teil dieser Sünde betrachtete er zeitweise seine eigene Existenzphilosophie. Er half sich dann mit einem seltsamen Dualismus, indem er den Existentialismus als „seine Philosophie", den Marxismus als die „Philosophie seiner Zeit" bezeichnete.

Simone de Beauvoir notiert in ihren Memoiren folgenden bezeichnenden Satz: „Sartre sagte einmal zu mir: 'Meine Gedanken waren immer gegen mich selbst gerichtet.'" Das, was er Proletariat nannte, bedeutete ihm etwas wie eine Erlösung von sich selbst. Gleichzeitig war er davon überzeugt, daß das Proletariat als Klasse nur dank einer es gleichzeitig repräsentierenden und dirigierenden Partei wirklich existiere. Ohne eine solche müßte es, so sagte er, zu Staub zerfallen. Sartres Äußerungen klingen in dieser Hinsicht wie eine säkularisierte Kopie einer katholischen oder kalvinistischen Heilstheologie.

Welche Rolle diese selbstverleugnende Vergötterung des Proletariats in Sartres Psyche spielte, erhellt drastisch folgende Stelle aus seinem Kriegstagebuch, die er übrigens in einem Brief an Simone de Beauvoir wiederholte. Er erzählt hier von einem Dienstkollegen, der „rülpst und furzt, so, wie er atmet". Trotz des psychischen Widerwillens, den er vor seinem Fett und Gestank und seinen zotigen Sprüchen empfindet, tut Sartre alles, um ihm zu gefallen. „Ich prostituiere mich vor ihm, weil er Arbeiter ist. Dies ist nicht allzu schwer, weil er für Alkohol empfänglich ist und sich geschmeichelt fühlt, daß ich ihm zuhöre." Diese auf den ersten Blick perverse Haltung muß man wahrscheinlich als einen intellektuellen Selbsthaß verstehen.

Vereinfacht kann man Camus' und Sartres Einstellung zu dem, was sie Geschichte nannten, folgendermaßen umschreiben:

Camus lehnte sich gegen die Geschichte, in die er sich gestellt sah, im Namen eines Zeitlosen, das er „menschliche Natur" nannte, auf. Sartre unterwarf sich während einer gewissen Phase seines Lebens der Geschichte im Namen einer Klasse, der er nicht angehörte, indem er sich gegen sich selbst auflehnte.

Zu befriedigen vermag weder Camus' hoffnungslose Auflehnung gegen die Geschichte, noch Sartres ebenso hoffnnungslose Unterwerfung unter ihr Gesetz.

Beider Geschichtsbegriff ist wesentlich negativ, auch wenn sie versuchen, jeder auf eine andere Art, diese Negation ins Positive zu wenden. Diesem Geschichtsbegriff will ich abschließend eine positive Geschichtsauffassung gegenüberstellen, wie sie der Religionsphilosoph Paul Tillich formuliert hat. Das wäre allerdings ein Thema für sich. Ich kann es hier nur streifen.

Wie die Existentialisten lehnt Tillich den Begriff eines Sinnes der Geschichte als eines objektiv oder gar wissenschaftlich Feststellbaren ab. Geschichte hat objektiv weder Anfang noch Ende. Sinn kann ihr nur von einer Mitte her gegeben werden. Diese Mitte ist wiederum nicht ausmeßbar und objektiv bestimmbar. Sie wird gesetzt von einem Geistigen, die Zeit Transzendierenden. Von solcher Mitte her geschieht Geschichte. Sie ist Geschichte der menschlichen Freiheit, also etwas anderes als ein Naturablauf, der, dem Kausalgesetz unterworfen, Freiheit ausschließt. Geschichte wird nach des Religionsphilosophen Sprachgebrauch konstituiert von dem, was er Geschehnisse nennt. Diese sind Produkte transzendentaler Freiheit des einzelnen. Sie unterbrechen gleichsam den determinierten Ablauf des Naturprozesses und erfüllen diesen gleichzeitig mit Substanz. In solcher Sicht ist der geschichtsschaffende Mensch nicht der, der sich von den Wogen eines äußeren Ablaufs in die Höhe tragen läßt, kein Cäsar und kein Napoleon, sondern der, welcher, und wäre er auf sich allein gestellt, einer Verkettung von Macht und Gewalt eine Grenze setzt, der *homme révolté*.

Damit wollte ich schließen, aber dann stieß ich nachträglich, bei der Lektüre von Albert Camus *Cronique algérienne*, auf eine Stelle, mit der dieser dem Wort „Geschichte“ kurz vor seinem Tod einen neuen, positiven Sinn gibt.

Der Zusammenhang, in dem Camus die folgenden Sätze schrieb, ist ein verzweifelter Versuch, mitten in den Kriegsgreueln Algerier und Franzosen zu einem Übereinkommen zum Schutze sowohl der arabischen als auch der französischen Zivilbevölkerung zu bewegen.

„Die Aufgabe des Kulturmenschen ist, weder vor den geschichtlichen Kämpfen zu fliehen, noch diesen in dem, was sie an Grausamkeit und Unmenschlichkeit mit sich bringen, zu dienen. Seine Aufgabe ist, sich selbst zu bleiben und den Menschen gegen das, was sie unterdrückt, zu helfen, die Freiheit zu verteidigen gegen eine angeblich schicksalshafte Bedrohung. Nur unter dieser Bedingung schreitet die Geschichte wahrhaft weiter, nur dann schafft sie wirklich Neues. Alles andere ist nur Wiederholung eines blutigen Tanzes.“

DIE PHILOSOPHIE EINES FREIEN GEISTES
Versuch über Nikolai Berdjajew

Vor ein paar Jahren war in den Tageszeitungen eine Notiz zu lesen, von der nur wenige Notiz nahmen. Sie besagte, daß Mitglieder eines *Zirkels Berdjajew* in Moskau verhaftet worden seien. Diese Gruppierung hätte unter dem Deckmantel philosophischer Diskussion konterrevolutionäre Konspiration betrieben.

Philosophie eines freien Geistes heißt eine der ersten Schriften des Philosophen, der im Jahre 1922 aus der Sowjetunion ausgewiesen wurde und 1948 im Pariser Exil starb.

Den Weg seines Denkens begann er als Marxist. Als solcher lernte er unter dem Zarenregime Gefängnis und Verbannung kennen. Das materialistisch-historische Lehrgebäude wurde aber seinem nach Freiheit drängenden Geist bald zu eng. Sein Denken durchbrach die Schranke naturalistischer Immanenz und stieß zu einer transzendentalen Existentialphilosophie vor, die ihn auf den Weg eines eigenwilligen Christentums führte.

Konterrevolutionär war Berdjajew in keiner Weise, doch ist seine Philosophie im besten und tiefsten Sinne antiautoritär. Daß sein Name nach mehr als fünfzig Jahren schärfster Zensur in Rußland nicht vergessen ist, berechtigt zu Hoffnungen.

Für den freiheitlichen Charakter von Berdjajews Religiosität scheint mir von Bedeutung zu sein, daß er seine Wendung zum Christentum nicht als Bekehrung beschreibt. Als solche bezeichnet er dagegen ein früheres Erlebnis, nämlich seine Bekehrung zur Wahrheit. Diese Wahrheit war nicht das Christentum, sondern die Wahrheit schlechthin. Nicht zu dieser oder jener Wahrheit bekehrte er sich, nicht zu einer objektiven Wahrheit, die besagt hätte, daß ein Ding oder die Welt, die Geschichte oder auch Gott so oder so beschaffen sei, sondern er bekehrte sich zu dem, was er selbst subjektive Wahrheit nennt. Darunter versteht er den Willen zu kompromißloser Wahrhaftigkeit gegenüber sich und anderen. Unter Führung dieser Wahrheit findet dann im Verlauf einer Entwicklung seine Wendung zum Christentum statt. Diese Reihenfolge ist nicht selbstverständlich. Von zahlreichen überlieferten Bekehrungsberichten kennen wir den umgekehrten Vorgang. Der Bekehrte sagt aus, daß er mit Blindheit geschlagen gewesen sei, in Irrtum und Lüge verstrickt. Dann habe ihm die Begegnung mit Christus wie ein leuchtender Blitz die Augen zur Wahrheit aufgetan. So wurde Saulus vor Damaskus zu Paulus. In der Weise vollzog sich die Bekehrung Augustins und vieler anderer.

Berdjajews Entdeckung des „Gottmenschen" Jesus Christus erscheint dagegen vielmehr wie die Lösung eines mathematischen Problems, um die er sich auf seinem vorherigen Erkenntnisweg vergeblich bemüht hat. Die Lösung fügt sich aber durchaus in seinen philosophischen Weg ein, ohne daß dieser nachträglich, so wie das vom heiligen Augustin geschieht, als verwerflich und sündig abgetan wird. Weder findet ein demütiges Sich-Beugen unter eine Autorität, noch die Opferung des eigenen Intellekts statt.

Christlich ist dieser Weg von der Wahrheit zu Christus und nicht umgekehrt von Christus zur Wahrheit im Sinne des Johannesevangeliums. Auf die Frage des Pontius Pilatus: „Wer bist Du?" antwortet Jesus: „Wer in der Wahrheit ist, hört meine Stimme." Auf die Gegenfrage des Pilatus: „Was ist Wahrheit?" schweigt der Gefragte. Das heißt, daß Jesus für den reden will, der in der Wahrheit ist. Die Wahrheit aber – und das heißt „in der Wahrheit sein" – ist eines jeden ureigene Sache, die ihm von außen nicht gegeben werden kann.

Nach Berdjajew besitzt der Mensch ein autonomes Erkenntnisvermögen, eine in ihm selbst ruhende Möglichkeit zur Wahrheit. Diese bezieht sich zwar auf Gott, ist aber spezifisch menschlich und frei. Ihre Beziehung auf Gott, d. h. auf eine die Natur transzendierende Instanz, macht, daß sie frei ist. Ihre Freiheit macht andererseits, daß sie sich auf Gott bezieht, d. h. die Gebundenheit der natürlichen Welt überschreitet.

Der Philosoph sagt dies häufig mit den Worten des Angelus Silesius: „Ich weiß, daß ohne mich Gott nicht ein Nu kann leben. Werd' ich zu nichts, er muß vor Not den Geist aufgeben."

Das bedeutet eine Abhängigkeit des Menschen von Gott und eine Abhängigkeit Gottes vom Menschen.

An anderer Stelle aber verwirft er selbst den Begriff der Abhängigkeit. Schleiermacher hatte die Religion als Abhängigkeit von Gott definiert. Dagegen sagt der Russe, die Beziehung zwischen Mensch und Gott könne nicht als Abhängigkeit, sondern nur als Freiheit begriffen werden. Abhängig sei der Mensch von anderen Menschen, von Naturgesetzen, von sozialen Institutionen. Gegenüber Gott ergebe dieses Wort keinen Sinn.

Berdjajews religionsphilosophische Haltung ist gegen zwei Auffassungen gerichtet. Gegen die katholische, welche nach Thomas von Aquin in der Philosophie die Magd der Theologie sieht, und gegen die protestantische, welche die Philosophie überhaupt aus dem Kreis religiöser Fragestellung verbannen möchte und ihr einen bescheidenen Platz im Bereich menschlicher Belange zuweist, welche die Frage nach Gott nicht berühren sollen.

Die letztere – protestantische – Haltung hält Berdjajew für unredlich. Der Theologe sei in Wirklichkeit mit jedem Wort, das er sage, Philosoph. Wolle er das aber nicht wahrhaben, so sei er eben ein schlechter.

Die philosophische Originalität Berdjajews liegt in einer Verbindung von unüberwindlich scheinenden Gegensätzen, der Kantschen Erkenntniskritik einerseits und der Gnosis andererseits.

Unter Gnosis verstehe ich in diesem Zusammenhang nicht die besondere Ansicht einer bestimmten gnostischen Schule, sondern ganz allgemein eine Denkweise, welche Dinge und Vorgänge erkennen will, die dem an die fünf Sinne gebundenen rationalen Verstand verschlossen sind. Kant ist ausgesprochener Nicht-Gnostiker. Seine Erkenntnistheorie besagt, auf einen kurzen Nenner gebracht: Wir können nur Erscheinungen erkennen. Von dem eigentlichen, was uns erscheint, können wir nichts wissen. Nur das moralische Gesetz in uns und die Freiheit, die wir in ihm finden, künden uns von einer höheren Welt, die uns im übrigen verschlossen ist.

In diesem Sinne Kantianer ist Leo Tolstoi, wobei sich dieser Russe vom Deutschen darin unterscheidet, daß sein ethischer Impuls emotioneller, dynamischer und radikaler ist.

Er meint weniger, daß gnostisches Erkennen unmöglich, als vielmehr, daß es für unser Leben unnötig und sogar schädlich sei. Er betrachtet solches, wie im übrigen auch naturwissenschaftliches Bemühen, als Ablenkung vom Wesentlichen, das ausschließlich ethischer Natur ist.

Für Berdjajew dagegen ist gnostisches Erkennen mit ehtischer Haltung untrennbar verbunden, obwohl ihm die Kritik der reinen Vernunft als Überwindung dessen, was er den naiven Realismus nennt, wesentlich bleibt. Naiv ist jede Weltanschauung, welche die Dinge, wie sie uns in Zeit und Raum erscheinen, für die Welt schlechthin hält.

Augenscheinlich naiv-realistisch sind Naturalismus und Wissenschaftsglaube in allen ihren Abarten. Naivrealistisch ist aber auch alle Philosophie, die aus der Erfahrung einer relativen und begrenzten Objektwelt ein absolutes, unbegrenztes Sein konstruiert. Indem er die begrenzte Welt der Gegenstände in Gedanken ins Unendliche vergrößert, indem er aus dem Vielfachen in Gedanken eine Einheit schmiedet, gewinnt der Mensch ein monströses, unvorstellbares Gedankending, das er das Sein oder auch Gott nennt. Dieses Sein der sogenannten Onthologie enthält keine Freiheit, sondern alle Gesetze und Zwänge, von denen die begrenzte Welt der Objekte beherrscht wird. Das Ich wird durch diese Gedankenakrobatik einem imaginären Objekt eingegliedert und untergeordnet. Es wird degradiert zu einem winzigen und bedeutungslosen Teilchen des Seins oder der Gottheit. Ein Recht zu leben hat es nur, wenn es sich dem Gesetz des allgemeinen unterordnet oder, religiös ausgedrückt, Gottes Befehl gehorcht.

Naiv-realistisch war der größte Teil der griechischen

Philosophie, deren tyrannische Seite deutlich in Platos Staat zum Ausdruck kommt. Naiv-realistisch war die auf Aristoteles fußende Philosophie des Mittelalters. Man stellte sich die Welt als räumlich und zeitlich begrenzt vor. Über uns der Himmel, unter uns die Hölle, dazwischen verschiedene Sphären von Engelsregionen und Vorhöllen. Zeitlich begrenzt war diese Welt durch die Weltschöpfung Gottes am Anfang und das jüngste Gericht am Ende. Kopernikus und Galilei zerstörten diese Anschauung, aber es blieb die Unterwerfung des Menschen unter die Welt der Objekte mittels eines verunendlichten und verabsolutierten Objekts, das man Sein nannte.

Der naive Realismus lebte weiter, sowohl im wissenschaftsgläubigen Determinismus, als auch in einer Theologie, welche auf der Vorstellung Gottes als einer die Welt regierenden objektiven Macht basierte. Die naiv-historische Auffassung der christlichen Heils- und Unheilsgeschichte fand ihre weltliche Fortsetzung im historischen Determinismus, vor allem aber bei Hegel, für den der einzelne nichts ist denn ein Werkzeug, das willentlich oder unwillentlich einem absoluten, objektiven Weltgeist zur Vollendung seines historischen Zieles dient. Wer sich gegen den Verlauf der Geschichte stellt, wird von ihr vernichtet, und noch in seinem Untergang dient er dem höheren Zweck, zu dem er als Person eigentlich keine Beziehung hat.

Für Berdjajew gehören Natur und Geschichte zur Welt der Phänomene. Eine substantielle, sinngebende Welt liegt jenseits von Zeit und Raum, wo es weder Subjekt noch Objekt gibt. Eine Kenntnis über diese transzendente Welt kann mittels unserer auf die Welt der Objekte bezogenen Verstandeskategorien nicht gewonnen werden. Bis dahin ist sich Berdjajew mit Kant einig.

Von den neueren Interpreten Kants steht er Karl Jaspers am nächsten. Der Begründer der Existentialphilosophie sieht in der Objektwelt eine Welt von Zeichen und Symbolen, die als solche nur existentiell erlebt werden kann. Zur eigentlichen Realität, von welcher diese Chiffreschrift zeugt, vermögen wir nach Jaspers nicht vorzudringen. Nur zu ahnen vermögen wir sie in einer Grenzerfahrung, die allein unser Leben über bloßes materielles und unfreies Dasein erhebt.

Berdjajews Philosophie geht mit dieser Auffassung insofern konform, als er, im Gegensatz etwa zur Theosophie oder einer sich als Weltanschauung verstehenden Psychoanalyse, eine Wissenschaft, die über die Grenze der Subjekt-Objektspaltung hinausgreift, nicht zuläßt. Eine solche wäre in seinen Augen ein Hinübernehmen der Gesetze einer objektivierten, unfreien Welt in den Bereich des freien Geistes. Geistige oder auch „existentielle" Erfahrung ist nach seiner Konzeption ganz anderer Art als wissenschaftlicher. Jeder Mensch macht bewußt oder unbewußt Erfahrungen, die ihn an einer transzendentalen Welt teilnehmen lassen.

Diese sind in dem Sinne nicht objektiv, als sie sich nicht auf Objekte beziehen. Berdjajew nennt die existentielle Erfahrung subjektiv, nicht weil sie willkürlich wäre, sondern weil sie sich im Innern des Subjektes vollzieht. Objektive oder wissenschaftliche Erkenntnis ist immer begrenzt wie die Welt der Objekte, auf die sie sich bezieht. Wer diese Grenzen aufheben will, kontruiert eine tyrannische Scheinwelt. Subjektive Erkenntnis ist keine wissenschaftliche Erkenntnis, obwohl auch sie allgemeinen Charakter hat, da der Erkennende ihr Resultat so wenig wie die Schönheit eines Kunstwerkes durch Ableitung und Beweisführung auf einen anderen übertragen kann. Nur in existentieller Begegnung können sich zwei Subjekte in einer Wahrheit finden. In diesem Sinne subjektives Erkennen ist nicht weniger, sondern mehr als nur objektives, denn es richtet sich auf unendliches. Das transzendentale Erkennen ist nicht nur rezeptiv, sich auf Bestehendes beziehend, sondern schöpferisch, indem es dem, was ist, ein Neues hinzufügt. Diese existentielle Erfahrung ist aber mit der sinnlich-vernünftigen untrennbar verbunden, denn der Begriff Wahrheit, ohne den keine Wissenschaft möglich ist, lehrt uns nicht das Objekt, sondern ein subjektives Erleben.

Zu gnostischer Sicht trieb des Russen ganzes Wesen.

Es hebt ihn ab von einer nur-kritischen Philosophie und macht die besondere Art seines Christentums aus.

„Ich gab mir den Anschein", so bekennt er, „als befände ich mich in diesen Realitäten der Außenwelt, der Geschichte, der Gesellschaft, obwohl ich mich selber an einem anderen Ort, in einer anderen Zeit, auf einer anderen Ebene bewegte." Wenn er hier sagt, „an einem anderen Ort", so meint er weder auf einem anderen Kontinent noch Planeten. Genauer müßte er sagen: „An einer anderen Art von Ort." Ort ist hier nicht räumlich gemeint, sondern steht für etwas, wofür der Raum nur Symbol ist. Wenn er sagt: „In einer anderen Zeit", so heißt das wiederum nicht, in einem anderen Jahrhundert, sondern „in einer anderen Art von Zeit".

Die existentielle Zeit befindet sich auf einer Ebene jenseits von Einsteins Kontinuum von Zeit und Raum, einem geistigen Bereich, von dem wir nach Kants These nichts wissen können. Und doch, meint Berdjajew, wissen wir alle um diese Zeit.

Viel näher ist sie uns als die Zeit, die uns Uhr und Kalender anzeigen. Kann uns doch eine Stunde, ein Jahr im Fluge vergehen und eine Minute eine Ewigkeit dauern. Nicht umsonst reden wir von Langeweile und Kurzweil.

Die intuitiv erlebte existentielle Zeit erlaubt dem Russen, das von Kant erkenntnistheoretisch Gewonnene aus seiner hoffnungslosen Statik herauszulösen und als hoffnungsvollen Prozeß zu verstehen. Die Subjekt-Objekt-Spaltung ist nun nicht ewig gleichbleibendes Medium unseres Erkenntnisvermögens oder -unvermögens, sondern ein bloßer Zustand. Zu ihm geführt hat ein Prozeß, den Berdjajew Objektivierung nennt. Religiös ausgedrückt ist er der Abfall von Gott. Weder spielt sich dieser Prozeß im kosmischen Raum ab noch in historischer Zeit. Vielmehr sind der kosmische Raum und die historische Zeit seine Produkte. Die objektivierte Welt ist eine veräußerte, veräußerlichte, sich entfremdete Welt. Hier wird alles zum Objekt, und indem wir das andere oder die anderen objektivieren, objektivieren wir auch uns selbst. Der Mensch wird so zum Objekt der Psychologie, der Soziologie, der Geschichte usw. Wir veräußern uns an Zivilisation und Technik. Im Verlauf des „Fortschritts“ werden wir selbst mehr und mehr zu bloßen Objekten. Dieser Prozeß der Objektivierung ist aber kein Naturprozeß. Er entstammt der Freiheit und birgt die Möglichkeit der Umkehr. Diese Umkehr ist als Andeutung schon in der Kantschen Moral enthalten.

„Behandle keinen anderen als Mittel zum Zweck, sondern immer als Selbstzweck.“ Das heißt nichts anderes als: „Betrachte den anderen nicht als Objekt, sondern als Subjekt, wie du eines bist.“ Berdjajew erweitert diese Forderung auf die Tiere, auf die ganze Welt der belebten und der scheinbar unbelebten Natur. Insoweit wir dies vermögen, verschwindet uns die Welt der Objekte und die Natur verwandelt sich in etwas ganz anderes, nicht uns Gegenüberstehendes, sondern mit uns intim Verbundenes. Wir treten aus der unfreien und sich entfremdeten Welt hinaus in eine Welt der Freiheit und der Gemeinschaft.

Diese Entobjektivierung ist nichts anderes als das Schöpferische im Menschen, das zugleich der Sitz der Freiheit in uns ist.

Der Mensch lebt zwar in den Ketten der objektivierten Natur. Es ist ihm aber schöpferische Freiheit gegeben, durch die der Geist, der von Kant ungeschickt „Ding an sich“ genannt wird, in die Welt der Phänomene hineinwirkt.

Der Mensch ist in diese zwei Welten hineingestellt und erlebt dies als Tragik. Ein künstlerischer Impuls, der im Geiste rein und klar empfunden wird, verwandelt sich in seiner materiellen Gestaltung in ein Objekt, das nur noch einen schwachen Abglanz des ursprünglich Erlebten enthält. So gleicht das, was wir Kultur nennen, einem Haufen Gerümpel, der als Zentnergewicht auf dem schöpferischen Willen der Menschen lastet. Eine mit hoffnungsfrohem Enthusiasmus begonnene Revolution endet in den Niederungen sogenannter Realpolitik. Aus Ausgebeuteten werden wiederum Ausbeuter, aus Unterdrückten neue Unterdrücker. Analoges findet statt, wenn sich die Liebe zwischen Mann und Frau in der sozialen Institution der Ehe objektiviert und entfremdet.

Die Befreiung von der Objektivierung kann sich nur innerhalb der historischen Zeit vorbereiten. Ihre Vollendung aber bedeutet deren Ende. Im Gegensatz zu Hegel und Marx ist Berdjajew historischer Pessimist. Im Gegensatz zu Schopenhauer ist er transzendentaler Optimist. Nicht so, daß Immanenz und Transzendenz durch einen unüberwindlichen Graben getrennt wären. Die Brücke bildet der Mensch selbst, der teilhat sowohl an der Gott entfremdeten Welt der Objekte, als auch an der gottnahen Welt des schöpferischen Geistes. Der Endsieg des Geistes ist der Untergang der objektivierten Welt.

Diese Eschatologie ist transzendent und immanent. Transzendent ist sie im Gegensatz zu einem atheistischen oder religiösen Sozialismus, der sich den Anbruch einer „klassenlosen Gesellschaft" oder eines „Reiches Gottes" als direkte Folge von politischen und sozialen Revolutionen denkt. Immanent ist sie im Gegensatz zu aller Theologie, welche, die menschliche Schaffenskraft für nichts achtend, den Anbruch des Reiches der Freiheit allein von der Gnade oder Laune eines souverän über allem menschlichen Bemühen thronenden Gottes abhängig sein läßt.

In dieser existentiellen Verbindung von Gott und Mensch besteht für Berdjajew das Wesen des Christentums. Gott vollbringt im Sohn eine Tat, die Er nur als Mensch vollbringen kann. Die traditionelle Lehre von den zwei Naturen in Jesus Christus versteht der Russe auf eigene Weise. Nicht Jesus allein sind die zwei Naturen eigen, sondern jedem Menschen.

Weil er dem tragischen Schicksal des zugleich geistigen und natürlichen Menschen unterworfen ist, sagt Jesus am Kreuz, ein Wort des Psalmendichters wiederholend: „Mein Gott, warum hast du mich verlassen?"

Das Erscheinen des Gottmenschen in der Geschichte bedeutet eine Erneuerung des Menschen. Daran haben vorchristliche und nicht-christliche Religionen ihren Anteil.

Berdjajew versteht sich zwar als gläubiger Christ, doch ist er das nicht im Sinne einer dogmatischen Ausschließlichkeit.

Er glaubt an eine Universalreligion der Menschheit, die im Christentum, wie er meint, ihren Gipfelpunkt habe. Nur, fügt er hinzu, habe das historische Christentum diesen Gipfel noch nicht erstiegen. Noch hänge es mit einer Gottesvorstellung zusammen, die dem wahren Sinn des Gottmenschentums zuwiderliefe, indem sie den Menschen zu scheinbarer Ehre Gottes erniedrige.

Historisch bedeutet das Erscheinen Christi eine Wandlung des Menschen im Sinne seiner Vergottung. Auf metahistorischer Ebene bedeutet es die Wandlung Gottes im Sinne seiner Vermenschlichung. Gott steigt zum Menschen herab, und indem Er das tut, erniedrigt Er sich nicht, sondern erhöht sich. Ebenso könnte man sagen: Er wird vom Menschen erhöht. Das klingt paradox, doch sagt jeder religiöse Mensch dasselbe, wenn er von der Liebe Gottes spricht, denn das Wesen der Liebe ist Selbsterhöhung durch Abgabe von Selbstherrlichkeit. Gott macht nicht nur Geschichte, sondern Er hat Geschichte, in dem Sinne, als Er solche erleidet.

Als christlicher Humanist fühlt sich Berdjajew den christlichen Humanisten der Vorreformationszeit näher verbunden als den antihumanistischen Reformatoren und den nicht-christlichen Humanisten, die auf diese folgten.

Gewisse Stellen aus Berdjajews *Sinn des Schaffens* oder seiner Schrift über *Geist und Realität* könnten direkt der Lehre entommen sein, die der italienische Mönch Joachim von Floris im 12. Jahrhundert aufgestellt hat. Weniger schematisch als der Italiener, aber dem Wesen nach gleich, vertritt der Russe die Lehre von den drei Evangelien. Das erste Evangelium, das mosaische Gesetz, wurde den Menschen kraft väterlicher Autorität auferlegt und mußte in kindlichem Gehorsam erfüllt werden. Das zweite Evangelium, das des Neuen Testaments, befreite vom starren Gesetz, blieb aber gebunden an die Autorität des geschriebenen Wortes und an die durch den Glauben bedingte Gnade. Das dritte Evangelium, das einsetzt mit der Ausgießung des Heiligen Geistes, befreit den Menschen von aller Autorität und setzt ihn mit Gott in direkte Verbindung.

Sein Wesen ist nicht mehr die Gnade, sondern die freie menschliche Schöpfung. Diese fortschreitende Vergeistigung vollzieht sich in langwierigen Übergängen. Zum dritten Evangelium sind wir erst unterwegs. Analog zu den Aussagen des italienischen Mönches sagt der russische Philosoph: „Das Christentum hat den Gipfel noch nicht erstiegen."

Die Bibel selbst hat als Werk des historischen Menschen symbolhaften, nicht realen Charakter. Darin ist sich Berdjajew mit Jaspers einig. Nur glaubt Berdjajew, daß wir die Realität, von der das Symbol zu uns spricht, zu erkennen vermöchten, was Jaspers nicht zugibt. Im Gegensatz zur katholischen und protestantischen Theologie steht er dem Wortlaut der Bibel frei gegenüber.

Daß der biblische Jesus von Hölle und ewiger Verdammnis spricht, hindert ihn nicht daran, die ewige Hölle als Ausgeburt von menschlichem bzw. unmenschlichem Sadismus zu verwerfen.

In keiner Weise entsprechen seine Vorstellungen vom Weltende und jüngsten Gericht der durch die Offenbarung des Johannes übermittelten.

Der verhängnisvolle Irrtum besteht darin, daß sich die Christen die göttliche Gerechtigkeit nach dem Muster eines Gerichtsprozesses vorstellen, in dem bestraft oder auch Gnade geübt wird. Gott bestraft nicht und Seine Gnade ist etwas völlig anderes als ein Absehen von wohlverdienter Strafe.

Wer das Leiden als Strafe auffaßt, übersieht das offensichtlich schuldlose Leiden z. B. der Kinder.

„Mir war", so schreibt Berdjajew, „die Vorstellung von der Schuld als einer Übeltat, die den Zorn und die Strafe Gottes hervorruft, unannehmbar."

Vielmehr ist das Leiden der Menschen analog dem Leiden beim Vorgang einer natürlichen Geburt zu verstehen, und die Gnade Gottes ist die Hilfe, die dem Menschen durch den Geist zuteil wird.

In seinem Roman *Der Prozeß* erzählt Franz Kafka das Schicksal eines Menschen, der, von einer verborgenen geheimnisvollen Macht eines ihm selbst unbekannten Vergehens angeklagt, nach grauenhafter seelischer Folter zum Tode verurteilt und wie ein Hund geschlachtet wird. Zu diesem Buch gibt es theologische Kommentare, aus denen erschreckend hervorgeht, daß es religiöse Menschen gibt, die sich die Gerechtigkeit Gottes ungefähr so vorstellen und denken.

Berdjajew nennt diese Gottesvorstellung Soziomorphismus. Ihr gegenüber hat der Atheismus recht. Diesen Gott gibt es nicht. Der Gott, der die Welt regiert, Gesetze erläßt, bestraft und Gnade übt, ist, wie Feuerbach richtig erkannte, eine Erfindung des Menschen; nicht des Menschen schlechthin, fügt der Russe hinzu, sondern speziell des politischen Menschen, denn dieser Gott ist nach dem Muster der menschlichen politischen Institutionen geschaffen.

Das ist aber die denkbar radikalste Verkehrung der Wahrheit, denn die politischen Institutionen sind gerade das, in dem sich der Mensch am weitesten von Gott entfernt. Der Mensch ist Gott nahe in der schöpferischen Freiheit seiner Persönlichkeit, er ist ihm fern in seiner Entpersönlichung. Nicht individualistisch ist das gemeint. Umgekehrt führt eben ein zu existentieller Gemeinschaft unfähiger Individualismus zu dem, was Berdjajew negativ Gesellschaft nennt. Persönlichkeit definiert er als ein Sprengen der Grenzen des Individuellen. Die Gemeinschaft, die dem Persönlichen entspringt, ist im Gegensatz zur politischen lebendig, schöpferisch und liebend. Existentielle Gemeinschaft baut sich nicht nach utilitaristischen, objektiven Kriterien auf. Sie entspringt subjektiver Wahrheitserkenntnis. Wo immer sie auftritt, zeugt sie vom Geist, der in die gefallene Welt der Objektivationen eintritt.

Die „Gesellschaft" dagegen, worunter Berdjajew den Staat und alles, was mit ihm zusammenhängt, versteht, ist objektivierte Gemeinschaft. Gebildet wird sie vom erstickenden Schwergewicht einer entpersönlichten Masse. In ihr triumphieren Mittelmäßigkeit, Bequemlichkeit und Routine. Regiert wird sie von Macht und brutaler Gewalt. „Gesellschaft" ist Macht und Ohnmacht. Wenigen Mächtigen steht eine Vielzahl von Ohnmächtigen gegenüber. Die Mächtigen aber sind Gefangene ihrer eigenen Macht. Ein in dieser Weise mächtiger Gott wäre tatsächlich ein ohnmächtiger Gott.

Berdjajews Kritik an der soziomorphen Gottesvorstellung geht nach zwei Richtungen: Nach der Richtung der Welt als Gesellschaftskritik, nach der Richtung Gottes als Kritik an der offiziellen Theologie. Seine Gesellschaftskritik ist mit der Michael Bakunins, der andererseits sein Antipode war, nahe verwandt.

Der von seinem atheistischen Landsmann in *Gott und der Staat* angegriffene Weltenbeherrscher ist für Berdjajew nicht Gott, sondern eine grundverkehrte Gottesvorstellung, die in der falschen Inkarnation des römischen Papsttums und dem sozialen Utilitarismus der katholischen Theologie ihren extremsten Ausdruck gefunden hat.

Doch spukt auch im Protestantismus, sich auf ein Pauluswort berufend, die Idee der Regierung von Gottesgnaden und einer Obrigkeit, welcher der Christ blinden Gehorsam schulde. Problematisch wird diese Idee in Kriegs- und Revolutionszeiten, wenn sich zwei Obrigkeiten feindlich gegenüberstehen. Auf welcher Seite ist nun Gott? Auf keiner, würde Berdjajew antworten, denn Gott, der selbst nicht Macht ist, verkörpert sich in keiner Macht dieser Welt.

Nur indem er mehr ist als Zoon politicon, ist der Mensch mit Gott verbunden. Dies ist die genaue Umkehrung der besonders in der deutschen Philosophie häufig vertretenen Ansicht, daß erst der Staat den Menschen über das Tier erhebe und zur sittlichen Person mache. So sagt Hegel: „Der Staat ist die Wirklichkeit der sittlichen Idee, ja der sittliche Geist selbst, der sich denkt und weiß, daß er das ausführt, was er denkt und weiß."

Im Sinne Berdjajews wäre es, zu sagen: „Der Staat und was er ausführt, ist die Dekadenz dessen, was die Persönlichkeit gedacht und gewußt hat."

In Richtung auf die Transzendenz gipfelt Berdjajews Kritik an der soziomorphen Gottesvorstellung in seiner These von der „ungeschaffenen Freiheit". In dieser Formel faßt Berdjajew die letzte Konsequenz seines religionsphilosophischen Denkens zusammen, das nur in ihr ein in sich geschlossenen Ganzes bildet.

Die „ungeschaffene Freiheit“ erscheint erst in den späteren Werken des Philosophen. Sie ist nach eigenem Zeugnis das Produkt eines qualvollen inneren Prozesses und darum mehr als eine Spekulation des Denkens, als welche sie von orthodoxen und liberalen Theologen gern abgetan würde.

Zwei Impulse wiesen Berdjajew in ihre Richtung. Der eine ist visionär und mystisch, der andere entspringt ethischer Redlichkeit. Den ersteren fand er vor allem bei Jakob Böhme, mit dem er sich geistesverwandt fühlte.

Als den „Ungrund“ bezeichnet Böhme ein von ihm visionär geschautes uranfängliches Nichts. Kein Anfang in der Zeit ist es, sondern Negation und Voraussetzung von allem Sein überhaupt. Es ist objektiv nicht erfaßbar, nur subjektiv erschaubar. Dieser „Ungrund“ ist Medium von allem Schaffen und Geschaffenwerden.

Der Ausdruck „ungeschaffene“ oder „vorschöpferische Freiheit“ stammt aber von Berdjajew selbst. Gedrängt wird er zu dieser Erkenntnis aus der Notwendigkeit der Theodizee, des immer wiederkehrenden elementaren religiösen Problems der Rechtfertigung Gottes für die Leiden Seiner Schöpfung, des Problems, dem Goethe dichterisch Ausdruck gab: „Ihr laßt den Armen schuldig werden, dann überlaßt ihr ihn der Pein, denn jede Schuld rächt sich auf Erden.“ Dagegen rebellierte Hiob, dagegen protestierte Dostojewski mit Iwan Karamasow.

Wenn Gott allmächtig ist, warum läßt Er zu, daß die Menschen sich unsägliches Leid zufügen? So fragt jedes unverbildete Kind, dem man die traditionelle Gottesvorstellung beibringen will.

Die landläufige theologische Antwort lautet: Gott will, daß der Mensch frei sei. Er schenkt ihm die Freiheit, damit er wähle zwischen Gehorsam zu seiner Rettung und Abfall zu seinem Verderben. Außerdem sagt die Theologie: Gottes Wege sind unerfindlich. Es ist dem Menschen unmöglich, Seine Wege zu ergründen. Iwan Karamasow gibt sich mit diesen Antworten nicht zufrieden: Und wenn Gott aus unerfindlichen Gründen recht hätte, so würde dies am Leiden eines mißhandelten Kindes nichts ändern. Kein Kind soll der unergründlichen Absicht Gottes geopfert werden, meint der Rebell.

Berdjajew stellt sich als Christ eindeutig auf die Seite des Atheisten. Alle theologische Rechtfertigung des allmächtigen und allgütigen Gottes vermag ihn nicht zu beruhigen.

Ein Gott, der das Böse und das Leiden duldete, wäre selbst der Ursprung des Bösen und des Leidens. Ein Gott, der des Menschen Freiheit schüfe, um ihn in dieser Freiheit verderben zu lassen oder aber ihn gnädig zu erlösen, einen solchen Gott könnte man nicht anerkennen, geschweige denn anbeten.

Insoweit der Atheismus diese, dem menschlichen Tyrannen nachgebildete Gottesvorstellung entlarvt, erfüllt er nach Berdjajew eine religiöse Mission.

Doch verbaut der Atheismus, indem er die Welt in die Grenzen ihres objektivierten Daseins einschließt, jeden Weg zur Freiheit: Gott und mit ihm die Freiheit ist dem Atheismus gegenüber nur zu retten, indem man Ihn von der Ihm angedichteten Tyrannis befreit.

„Mein Glaube, der mich vom Atheismus bewahrt, ist aber der folgende: Gott offenbart sich der Welt. Er offenbart sich in den Propheten, im Sohn, im Geist, in der geistigen Höhe des Menschen. Doch regiert Gott diese Welt nicht, die einen Sturz in äußerste Finsternis bedeutet. Gottes Offenbarung an den Menschen ist eschatologisch, ist Offenbarung vom Reiche Gottes, nicht vom Reiche dieser Welt."

Die Freiheit, die den Sturz ermöglicht, ist wohl die Freiheit Gottes, nicht aber in dem Sinne, daß sie von Gott geschaffen und dem Menschen zu seinem Unheil geschenkt wäre, sondern in dem Sinne, daß Gott in ihr frei ist, daß er aus ihr und durch sie schafft. Sie ist auch die Freiheit des Menschen, der, von Gott geschaffen, aus derselben und in derselben Freiheit und der aus ihr und in ihr mitschöpferisch ist. Die Freiheit in uns, das ist jenes Element menschlicher Autonomie, über das Gott keine Macht besitzt, weil es Element der Schöpfung an sich ist. Es bedeutet höchste Verheißung eigenen Schöpfertums und größtes Risiko zugleich.

Gott kann keine Macht über die Freiheit besitzen, da diese Voraussetzung Seines eigenen Schöpfertums ist.

Aus menschlicher Sicht ist die Freiheit ein doppeltes: Sie ist Ursprung und Vollendung. Als Ursprung ist die Freiheit der unzerstörbare Keim, der des Menschen Sturz in die Versklavung ermöglicht, aber auch ermöglicht, aus dieser selbstschöpferisch herauszufinden. Ohne Gott wäre diese selbstschöpferische Tat des Menschen undenkbar. Ohne die selbstschöpferische Tat des Menschen wäre Gott nicht. Das ist das Glaubensbekenntnis, das nach Berdjajew allein unserem Leben Sinn geben kann.

Der Gedanke der ungeschaffenen Freiheit stößt bei den meisten Gläubigen und Ungläubigen auf spontane Ablehnung. Ein Gott, so scheint es ihnen, der nicht allmächtig wäre, wäre nur ein halber, also überhaupt kein Gott. Der Russe kehrt aber den Spieß um. Ein Gott, ohne dessen Wille kein Sperling vom Dach fiele, der Grund nicht nur des Guten, sondern auch des Übels wäre, der ebenso im Haß wäre wie in der Liebe, im Krieg wie im Frieden, wäre ein Gott, der alles in allem wäre. Von diesem Gott könnte man ebenso gut sagen, Er sei nicht. Die „ungeschaffene Freiheit" hebt den Gottesbegriff auf eine schwindelnde Höhe, die den nach anthropomorpher und soziomorpher Vorstellung Glaubenden seiner Geborgenheit entreißt.

Doch muß sich der Mensch zwischen dem allmächtigen und dem liebenden Gott entscheiden, so schwer ihm auch diese Entscheidung fallen mag. Berdjajew ist sie gleichbedeutend mit der Entscheidung zwischen Knechtschaft und Freiheit.

„Mein religiöses Drama besteht darin, daß ich sehr qualvoll die üblichen orthodox gewordenen Vorstellungen von Gott und vom Verhältnis Gott – Mensch erlebe. Ich zweifle nicht an der Existenz Gottes, doch habe ich Augenblicke, in denen es mich wie ein Alpdruck überkommt. Wie nun, wenn die 'Rechtgläubigen', die die Beziehung zwischen Gott und Mensch soziologisch als die

Beziehung zwischen Herr und Knecht auffassen, wie nun, wenn sie recht behielten? Dann ginge alles zugrunde, dann ginge auch ich zugrunde. In der Reichweite der Religionen erscheint mir dieser Alpdruck wie das Erscheinen eines bösen Gottes, der von den Menschen aus ihrer sklavischen Empfindung heraus als guter Gott erträumt wird..."

GUSTAV LANDAUERS GEDANKE UND TAT

In einem Essay über die Revolution, der im Jahre 1905 in Martin Bubers Schriftenreihe *Die Gesellschaft* erschienen ist, schrieb Gustav Landauer im Anschluß an ein Zitat Camille Desmoulins': „Das ist es in der Tat, was die letzte Revolution uns vermacht hat, wenn wir einmal davon absehen, daß die Spitzbuben, die Desmoulins meint, heute schon wieder nicht so leicht gehenkt werden wie 1793. Dafür werden auch nicht so viele Brave und Tapfere guillotiniert, sondern höchstens ins Gefängnis gesteckt. Aber im übrigen scheint das in der Tat der Erfolg, den die letzte Revolution hinterlassen hat: Daß die Freiheit der Meinung nicht mehr dauernd gehemmt werden kann."

Den aus solchen Worten sprechenden Optimismus teilt Landauer mit den meisten Liberalen, Sozialisten und Anarchisten seiner Zeit. 14 Jahre später wurde er auf die grausamste Weise umgebracht, und nach weiteren 14 Jahren kam das Dritte Reich. Die Russische Revolution, die uns den totalen Staat bescheren sollte, kannte er nur in ihren hoffnungsvollen Anfängen.

Gustav Landauer ist darum für uns, gleich den meisten Liberalen, Sozialisten und Anarchisten seiner Zeit, ein Mann von gestern. Dies ist spürbar als ein Fremdes bis in die Höhen seiner philosophischen Spekulationen. Gustav Landauer hat als schaffender und kritischer Schriftsteller und philosophischer Essayist an der neoromantischen Strömung der Jahrhundertwende teilgenommen, diese aber, wo sie, ihrem eigenen Anspruch nicht gewachsen, unredlich wurde, als Außenseiter schonungslos kritisiert.

Vieles durchschaute er, ahnte er voraus, was für jene, die sein Denken fortsetzten – wie Martin Buber und auf andere Weise Albert Camus –, äußerlich und innerlich erfahrene Wirklichkeit werden sollte. Sein Philosophieren reicht tiefer als das der sozialistischen Hegelianer, und unter den neueren Anarchisten war er der einzige, der überhaupt philosophisch gedacht hat. In seiner Frühnovelle *Der Todesprediger* herrscht eine Grundstimmung, die man heute als existentialistisch bezeichnen würde.

So sehr Landauer Peter Kropotkin als Menschen verehrte und als freiheitlichen Sozialisten schätzte, so wenig konnte er den Russen dort, wo er Philosoph sein wollte, ernst nehmen. Für die wissenschaftsgläubigen Positivisten, die drauflos philosophierten, als ob es nie eine Kritik der reinen Vernunft gegeben hätte, hatte er so wenig übrig wie für die geschichtsgläubigen Hegelianer oder die rechtgläubigen Dogmatiker, die sich mit dem Lieben Gott verschwägert glaubten und sich anmaßten, uns Seine Grüße zu bestellen.

Bei aller Verschiedenheit haben die Nachfolger Hegels und Häckels das gemein, daß sie glaubten, es gebe von allem, also auch von einer kommenden Gesellschaft, eine exakte Wissenschaft und daß sie eine solche mit tierischem Ernst betrieben. Für Landauer war der Sozialismus freie menschliche Schöpfung und der Kunst näher verwandt als der Wissenschaft. Kant hatte mit der Illusion aufgeräumt, daß Metaphysik Wissenschaft sein könne.

In der Sprachkritik seines Freundes Fritz Mauthner glaubte Landauer über die Kritik der reinen Vernunft hinaus die Befreiung des Menschen von der Versklavung durch das Wort gefunden zu haben. Er begibt sich geistig in einen Raum schwindelnder Leere, wo nur noch das Ich besteht, das, indem es schafft, über sich hinaus zu einem allgemeinen wird. Der Mensch als Schöpfer ist ihm Synthese von Stirners *Einzigem* und Meister Eckharts *Gottheit*. Nur scheinbar im Widerspruch dazu steht das Faktum, daß sein gefühlsbetonter Enthusiasmus in der Ausführung dessen, was er will, in strengen Sachverstand und beißende Kritik umschlägt. Was Landauer in der Einleitung zur Auswahl seiner Schriften über Meister Eckhart sagt, gilt in gewissem Sinne auch für ihn selbst: „Seine Mystik war Skepsis, freilich aber auch umgekehrt."

Gustav Landauer war nach eigenem Zeugnis Anarchist bevor er Sozialist wurde. Die meisten seiner deutschen Gesinnungsfreunde hatten den umgekehrten Weg beschritten. Sie wurden Anarchisten, weil ihnen die Sozialdemokratie zu wenig radikal war. Landauer ist nie Sozialdemokrat gewesen. Die Streitigkeiten zwischen den linken und rechten Fraktionen dieser Partei hatten für ihn keinerlei Bedeutung. So konnte er während des Ersten Weltkriegs an Erich Mühsam schreiben: „Ich schätze prinzipiell die sozialdemokratischen Dinge nicht hoch ein. Die Leute – mit ganz wenigen Ausnahmen – haben kein wirkliches Kulturgewissen. Es dreht sich alles um die Macht in der Partei. Es ist ein Streit inferiorer Geister. So schauderhaft es zu sagen ist, ist der Krieg und alles Tatsächliche, was mit diesem Namen bezeichnet ist, für sie von untergeordneter Bedeutung und nur Anlaß. Von allen, die ich kenne, habe ich nur Vertrauen zu Bernstein, der alt und krank ist und – schon mit Vorbehalten – zu Liebknecht, der beschränkt ist... Wir sind auf einer anderen Ebene als sie. Unsere Linie schneidet die ihrige also nicht, weil gar keine Berührung stattfindet..."

Am Marxismus mißfielen ihm nicht – wie anderen Anarchisten oder „Ultralinken" – gewisse sekundäre Dinge und Äußerlichkeiten, sondern er lehnte ihn von seinem philosophischen Fundament her radikal ab. Marx hat im bürgerlichen Lager keinen Kritiker gefunden, der sich an Schärfe mit diesem Sozialisten vergleichen ließe. Das hat seinen Grund darin, daß zwischen bürgerlicher und marxistischer Ideologie trotz politischer Rivalität, die bis zum Bürgerkrieg gehen kann, viel Gemeinsames und Verbindendes ist.

Im kommunistischen Manifest von Marx und Engels figuriert die Bourgeoisie als die eigentliche revolutionäre Klasse, die im radikalen Materialismus die Gesellschaft von allen „sentimentalen" Vorurteilen befreit, nivelliert und ökonomisch und politisch zentralisiert. Dem vom Kapitalismus geschaffenen Proletariat fällt es dann nur noch zu, die Ernte einzuheimsen. Der de facto kompromißlose Materialismus der kapitalistischen Bourgeoisie hat darum auch immer der Marxisten höchste Bewunderung hervorgerufen, obwohl sie aus Gründen politischer Taktik auch gegen ihn moralisierten. Es ging ihnen nur darum, aufgrund der von diesem geschaffenen Voraussetzungen die politische Macht zu ergreifen, wobei sie sich mit dem dann zu schaffenden Sozialismus kaum befaßten.

In der sogenannten materialistischen Geschichtsauffassung erblickt der Anarchist einen perfekten Ausdruck philiströsen Bürgertums. „Die Marxisten haben in ihren Erklärungen und Auffassungen aus sehr natürlichem, ja geradezu aus trefflichem materiellen Grunde den Geist ausgeschaltet: weil sie nämlich keinen haben... Wir bringen noch weniger einen Geistesbund, wie ihr ihn versteht, denn wenn ihr so etwas redet, denkt ihr an das, was ihr Aufklärung nennt und was wir Halbbildung und Traktätchenfutter heißen. Der Geist, der uns trägt, ist eine Quintessenz des Lebens und schafft Wirklichkeit und Wirksamkeit. Dieser Geist heißt mit anderem Namen: Bund, und was wir dichten, schön machen wollen, ist Praktik, Sozialismus, ist Bund arbeitender Menschen." So heißt eine Stelle im *Aufruf zum Sozialismus*.

Wissen und Wissenschaft müssen und können bei der Gestaltung von Neuem helfen, aber nicht so, daß Zukunft direkt aus ihnen abgeleitet werden könnte, sondern in einem Sprung über Intuition und Willensakt. Vorauswissen der Zukunft ist in Landauers Augen entweder „Prophetie oder Professorengeschwätz". Das bedeutet ein wesentlich anderes Verhältnis zur Geschichte als jenes, welches die Marxisten von Hegel übernommen haben.

Die Geschichte sagt nicht, wann der Sozialismus kommen muß, sondern wie er kommen kann. Sie ist kein gedachtes Schema, in welches das Wirkliche hineingepreßt wird, sondern sie wird als Wirklichkeit des Geschaffenen und Umzuschaffenden ernst genommen. Geschichte verändert Voraussetzungen und Ausgangspunkte. Die Zeichen der Zeit müssen erkannt und verstanden werden, aber „der Sozialismus ist zu allen Zeiten und bei jedem Stand der Technik möglich, wenn die Menschen ihn wollen".

Verhängnisvoll am Marxismus war in des Anarchisten Augen die von ihm bewerkstelligte Kombination von angeblichem Gesamtwissen und Politik. „... die wissenschaftliche Partei – das war doch einmal das Erfordernis der fortgeschrittendsten aller Zeiten... Was waren das für Dilettanten, die bisher Politik gemacht hatten... In Wahrheit paßt freilich der Wissenschaftswahn des Marxismus nur schlecht zur praktischen Politik der Partei, sie passen nur zusammen für solche Menschen wie Marx und Engels waren oder wie Kautsky ist, die in sich den Professor und den Drahtzieher vereinen..." In dieser Kombination ahnte er, wie vor ihm Bakunin, einen neuen, unerhörten Staatstotalitarismus voraus, er, der Lenin kaum und Stalin gar nicht kannte.

„'Gleicher Arbeitszwang für alle, Errichtung industrieller Armeen, besonders für den Ackerbau' haben Marx und Engels schon in ihrem kommunistischen Manifest gesagt, aber nicht als Beschreibung und Vorahnung der kommenden Herrlichkeiten des Kapitalismus, sondern als eine der Maßnahmen, die sie für die 'fortgeschrittendsten Länder' zu Beginn ihres Sozialismus vorschlugen... Es ist wahr: Diese Sorte Sozialismus erwächst aus der ungestörten Weiterentwicklung des Kapitalismus." Nicht aber aus dem Kapitalismus heraus erwächst nach Landauers Überzeugung echter Sozialismus. Ein solcher wächst dem Kapitalismus entgegen, wenn ihn Menschen in Angriff nehmen, die ihn wollen.

An solche, die es „im Kapitalismus nicht mehr aushalten", richtet sich sein Aufruf, nicht an Proletarier. Ein Arbeiter als Individuum kann Sozialist sein, aber als Klasse ist das Proletariat nichts weiter als ein bedauernswertes Opfer. Seine Angehörigen sind dazu disponiert, Kleinbürger, Bourgeois oder Staatsfunktionäre zu werden, wenn sich ihnen die Gelegenheit bietet. Nicht Herrschaft des Proletariats wollte er, wie sie angeblich die Marxisten wollen, wobei sie nur eigene Herrschaft im Auge haben, sondern dessen Abschaffung.

Seine sozialistische Zielvorstellung kann man, will man sie auf einen Nenner bringen, als ein idealisiertes Mittelalter bezeichnen. Im mittelalterlichen Pluralismus von Zunftverfassungen, Städtebünden, Allmenden, Markgenossenschaften und grenzüberschreitenden Berufsgilden treffen sich Ideale des positivistischen und revolutionären Verfassers der *Gegenseitigen Hilfe in der Tier- und Menschenwelt* Peter Kropotkin mit denen des romantischen und konservativen Dichters der *Christenheit oder Europa* Novalis.

Im Sinne beider sagt Landauer in seiner *Revolution*: „Die christliche Zeit wird repräsentiert nicht durch das Feudalsystem, nicht durch Dorf- und Markgenossenschaften mit ihrem Gemeinbesitz an Grund und Boden und gemeinsamer Wirtschaft, nicht durch Reichsversammlung, nicht durch Kirche und Klöster, nicht durch Gilden, Zünfte und Brüderschaften der Städte mit ihrer eigenen Gerichtsbarkeit, nicht durch die selbständigen Straßen, Sprengel und Kirchspiele dieser Städte, nicht durch Städte- und Ritterbünde – und wieviel könnte noch an solchen ausschließlichen und selbständigen Gebilden aufgezählt werden: die christliche Zeit wird charakterisiert eben durch diese Gesamtheit von Selbständigkeiten, die sich gegenseitig durchdrangen, die sich durcheinanderschichteten, ohne daß daraus eine Pyramide oder irgendwelche Gesamtgewalt geworden wäre. Die Form des Mittelalters war nicht der Staat, sondern die Gesellschaft, die Gesellschaft von Gesellschaften." Das ist Anarchismus im eigentlichen Sinne des Wortes. Entspricht aber das Mittelalter, wie es wirklich war, diesem Bilde? Wissentlich und willentlich übersieht der Anarchist die andere, die dunkle Seite dieses Zeitalters: Leibeigenschaft, barbarische Folterjustiz, Ketzer- und Hexenverbrennung. In Wahrheit handelt es sich um eine der Geschichte entnommene und in geschichtliche Form gekleidete Utopie. Sie ist nicht konservativ, sondern revolutionär gemeint.

Das christliche Zeitalter ist vorbei und kann nicht mehr zum Leben erweckt werden. Doch hat die Menschheit, nachdem fürstlicher Absolutismus und bürgerlich zentralistischer Nationalismus die alte Gesellschaft zerstört haben, den Weg zu neuer Gesellschaft noch nicht gefunden. Einen solchen aus neuem Geiste heraus zu beschreiten, ist die Aufgabe der Sozialisten. Geschichtsbewußtsein und Ideal schließen sich für Landauer nicht aus, sondern bedingen sich. „Der Sozialismus ist eine Kulturbewegung, ein Kampf um Schönheit, Fülle und Größe der Völker. Niemand kann ihn verstehen, keiner kann ihn führen, wem der Sozialismus nicht aus den Jahrhunderten und den Jahrtausenden hervorkommt." Nicht der Staat mit seiner menschenfeindlichen Bürokratie, dieser personifizierten Geistlosigkeit, kann sein Träger sein, sondern das schöpferische Individuum allein, das sich mit seinesgleichen neben dem Staat, abseits von ihm und gegen ihn wetteifernd zu Kultur- und Wirtschaftsbünden zusammenschließt. Diesem Zweck sollten die Zeitung *Der Sozialist* und der *Sozialistische Bund*, dem auch Martin Buber angehörte, dienen. Aus den 12 Artikeln des Sozialistischen Bundes, die Gustav Landauer in Anlehnung an das Bauernprogramm aus dem 16. Jahrhundert im Jahre 1909 formulierte, seien folgende zitiert:

Art. 1: Die sozialistische Gesellschaft ist ein Bund selbständig wirtschaftender, untereinander in Gerechtigkeit tauschender Gemeinden, deren Individuen im Besonderen frei, im Gemeinsamen freiwillig einig sind.

Art. 6: Die Freimachung des Bodens und seine Neuaufteilung unter die Wirtschaftsgemeinden auf der Grundlage der Gerechtigkeit, der wahren Bedürfnisse und der Anerkenntnis, daß es keinerlei unverjährbares Eigentum am Boden geben kann, ist Bedingung für die endgültige und völlige Durchsetzung des Sozialismus unter den Völkern.

Art. 11: Anarchie ist nur ein anderer, in seiner Negativität und besonders starken Mißverständlichkeit weniger guter Name für Sozialismus. Wahrer Sozialismus ist Gegensatz zu Staat und kapitalistischer Gesellschaft. Sozialismus kann nur erwachsen aus dem Geiste der Freiheit und freiwilliger Einung, kann nur erstehen aus Individuen und ihren Gemeinden.

Art. 12: Während des Aufbaus des Sozialistischen Bundes kommt es mit Notwendigkeit zu einer Abwanderung aus den Industriestädten aufs Land, zu einer Verbindung von Landwirtschaft, Industrie und Handwerk, von geistiger und körperlicher Arbeit und zu den starken Gefühlen der Arbeitsfreude und Gemeinschaftsinnigkeit, durch die wir Menschen zu Gemeinden und zum Volk erhoben werden.

Wir hören hier Anklänge an Kropotkins dezentralisierten Gemeindesozialismus. Andererseits ist der Begriff des „gerechten Austausches“ und eines nicht der Machtkumulation, sondern dem Austausch lebensnotwendiger Güter dienenden freien Marktes dem Denken Pierre Joseph Proudhons entnommen, dem Landauer unter den anarchistischen Klassikern am nächsten stand.

Nicht „himmelstürmender Wahn“, sondern „irdische Gesellschaftsfreude“ sollte für die zu gründenden Kolonien des Sozialistischen Bundes wegleitend sein. Keine dogmatische, auf religiösen Grundsätzen aufbauende Gemeinschaft sollte entstehen, sondern eine auf Gegenseitigkeit ruhende Gesellschaft, die Gemeinschaft nur dort verwirklicht, wo sie naturgegeben und frei wachsen kann.

Die nüchterne Haltung des Proudhonisten scheint mit der mystisch-transzendentalen des Eckhartherausgebers in Widerspruch zu stehen. Der Widerspruch ist da. Doch eröffnet er ein fruchtbares Spannungsfeld. Zugrunde liegt ihm die Erkenntnis, daß alle Versuche, religiöse Grundsätze im sozialen Leben direkt zu verwirklichen, noch immer zu Inquisition, Tyrannei und Verkehrung dieser Grundsätze in ihr Gegenteil geführt haben. Proudhon sagte einmal: „Il n’y a pas d’exemple de communauté, qui commencée dans l’enthousiasme n’ait fini dans l’imbécilité.“ In dieser Wahrheit offenbart sich die Antinomie von Sozialismus und Liberalismus, die miteinander im Kampfe liegen und dennoch aufeinander angewiesen sind, um existieren zu können.

Über die Möglichkeit der Realisierung anarchistischer Gesellschaft äußert sich Landauer in einem Brief an Paul Eltzbacher, dem Verfasser einer der gründlichsten Studien über den Anarchismus, mit nüchternem Realismus: „Allerdings halte ich den Anarchismus für das gemäßeste Wort für meine Lebensanschauung. Auch habe ich nicht die anarchistische Zukunftsgesellschaft über Bord geworfen, sondern den Glauben, daß sie mit den jetzt lebenden Menschen in absehbarer Zeit erreicht wird. Dagegen glaube ich an ihre Vernünftigkeit und an ihre Realisierbarkeit unter nur einigermaßen einsichtigen und gutwilligen Menschen. Allenfalls glaube ich an kleinere anarchistische Siedlungen, die später vielleicht von Nicht-Anarchisten in Ruhe gelassen werden. Ihre Einwände gehen von dem unausgesprochenen Gedanken aus, der Anarchismus müsse eine Sache des ganzen Menschengeschlechts oder wenigstens der sogenannten Kulturmenschheit sein. Das scheint mir indessen, auch nach Ihren eigenen scharfen Definitionen, nicht notwendig im Begriff zu liegen."

Liest man diesen Satz heute, so fallen einem die gemeinwirtschaftlichen und genossenschaftlichen Siedlungen in Israel ein. Das ist von Landauers Gedankengut tatsächlich geblieben. Schon früh wurde der *Aufruf zum Sozialismus* ins jiddische übersetzt. Sein Verfasser stand in mündlichem und brieflichem Gedankenaustausch mit zionistischen Pionieren.

Auf Mitte April wurde in München ein Treffen jüdischer Sozialisten geplant, an dem neben Martin Buber und Nahum Goldman auch Gustav Landauer teilnehmen sollte und auf dem die Sozialstruktur des jüdischen Palästina sowie auch die Araberfrage hätten zur Sprache kommen sollen. Die Konferenz kam wegen des Ausbruchs der Revolution nicht zustande.

Besonders aktuell scheint mir Landauers Stellung zur nationalen Frage zu sein, die sich sowohl vom politischen Nationalismus als auch von einem simplistischen Internationalismus unterscheidet. „Sie sagen mir", so schrieb er 1913 in bezug auf die Balkanfrage an Max Nettlau, „Sie seien kein Nationalist. Nun, ich bin einer, bitte nur nicht mißverstehen. Ich bin sogar ein mindestens dreifacher Nationalist: als Deutscher, als Süddeutscher und als Jude. Aber ich trenne die Nation vom Staat, besser gesagt das Ende des Staates, und die Trennung der Wirtschaftsgemeinschaft von der Sprachgemeinschaft, die Bildung von Sprachkulturgruppen, die sich unberührt kreuzen, aber nicht schneiden und nicht decken, ist die einzige Lösung." Das heißt: funktionelle Trennung oder Entflechtung zur politischen Zusammenführung. Der Gedanke klang damals, ein Jahr vor Ausbruch des Ersten Weltkriegs, utopisch. Er ist es angesichts einer neuen Welle von „revolutionärem" Nationalismus auch heute. Doch sollten Landauers Worte von jedem, dem es ernsthaft um Friedenslösungen zu tun ist, mehr als einmal gelesen und überdacht werden.

Während des Ersten Weltkriegs gehörten Gustav Landauer und seine Frau, die Dichterin Hedwig Lachmann, zu den wenigen Intellektuellen, die angesichts der allgemeinen Hysterie konsequente Kriegsgegner blieben. Das bedeutete für sie Isolierung und Bruch mit nahen Freunden. Als Carl Spitteler mit seinem Aufruf *Unser Schweizer Standpunkt*, mit dem er sich gegen die überbordende Parteinahme eines Teils der Schweizer Bevölkerung für die Kriegsparteien wandte, an die Öffentlichkeit trat, stürzten sich die meisten deutschen Schriftsteller wie eine Meute mit Diffamierungen und Beschimpfungen auf ihn. Zu diesen gehörte auch Landauers nächster Freund Fritz Mauthner. In Landauer fand Spitteler jedoch, allen Anfeindungen zum Trotz, einen geistvollen Verteidiger.

Mehr als durch seine Ideen ist Gustav Landauer durch seine Teilnahme an der Münchner Räterevolution von 1919, die mit seinem gewaltsamen Tod zu Ende ging, bekannt geworden. Man muß sich heute die Frage stellen, was ihn dazu verführen konnte, sich in die vorderste Reihe einer Bewegung zu stellen, die seine eigentliche Zielsetzung nur oberflächlich berührte und von vornherein zum Untergang verurteilt war. Gegen sie stand in Bayern eine Front, die von den konservativen Bauern über das liberale Bürgertum bis zur sozialdemokratischen Arbeiterschaft reichte. Nur eine Minderheit der Rätebewegung stand der föderalistischen Idee, wie sie Landauer vertrat, nahe. Mit Männern wie Erich Mühsam und Ernst Toller repräsentierte er eine Minderheit innerhalb einer Minderheit, ähnlich wie die proudhonistische minorité in der Pariser Commune des Jahres 1871.

Zu Landauers Entscheidung, mit der er alles auf eine Karte setzte, hat zweifellos seine persönliche Lebenssituation beigetragen. Am 25. Dezember 1918 schrieb er an Ludwig Berndl: „Die Revolution, nach der meine Frau und mir so innig verlangt hatte, ist unser einziger Trost. Die Kinder sind ganz bei mir in einer Welt voll häßlicher Feinde." Und an Auguste Hauschner am selben Tage: „Ich fühle mich nur noch auf Urlaub in dieser Welt, bei den Kindern und bei der Revolution, und eben darum bin ich zugleich so radikal und friedfertig still." – „Froh", so schrieb er im Februar 1919 an Julie Wolfthorn, „kann ich nur noch sein, wenn ich ins Vergangene versinke und das Leben vergesse. Es ist nur eine Art von Schuldigkeit, was ich tue, und ich tue es aus allgemeinen und persönlichen Gründen ohne Hoffnung."

Am 21. Februar 1918 war Landauers Lebensgefährtin, die Dichterin zarter und kämpferischer Lyrik, Hedwig Lachmann, an einer Lungenentzündung gestorben. Damit wurde er aus einem Dasein inniger Seelengemeinschaft, die zugleich eine enge Arbeitsgemeinschaft war, jäh herausgerissen. Es scheint, daß ein Lebensplan auf längere Sicht für ihn zu diesem Zeitpunkt undenkbar, psychologisch unmöglich gewesen ist. Dies bestätigt ein Gerücht, wonach sich Landauer nach dem Zusammenbruch der Räterepublik geweigert haben soll, in die Schweiz zu fliehen. Doch täte man dem Andenken dieses Revolutionärs unrecht, wenn man sein letztes Engagement allein auf ein privates Motiv zurückführen wollte. Der Alpdruck des Krieges war gewichen, das alte mit Kriegsschuld beladene Reich zusammengebrochen. Jetzt oder nie mußte etwas Neues kommen, etwas, was eine Wiederkehr des alten verunmöglichte. So dachten in jenen Jahren die Besten. Es waren Jahre eschatologischer Hoffnung und Erwartung, die für Generationen, die Hitler und Stalin mit- oder nacherlebt haben, schwer einfühlbar sind.

Gustav Landauers Hoffnung war der Beginn eines föderalistischen Zeitalters. Zu ihr glaubte er sich berechtigt aufgrund autonomer Regungen deutscher Länder, vor allem Bayerns, wo sich unter Führung des unabhängigen Sozialisten Kurt Eisner eine autonome Republik gebildet hatte. Ein Schritt in die von ihm ersehnte Richtung schienen ihm die überall auflebenden Arbeiter- und Soldatenräte.

Schon 1863 hatte Proudhon prophezeit, das kommende Jahrhundert werde ein Zeitalter der Föderation sein oder die Welt werde ein Fegefeuer von tausend Jahren erleben. Proudhon hatte eine Lawine von expansionistischem Nationalismus herannahen sehen. Rettung sah er nur in einem Föderalismus, der gleichzeitig Befreiung und Bändigung sein würde. Der Proudhonist Gustav Landauer hielt nach dem Ersten Weltkrieg den Moment dieser Entscheidung für gekommen. Und wer könnte heute sagen, daß er sich darin getäuscht hätte? Für die größte Gefahr hielt er ein Wiederaufleben des alten Parteiwesens mit seiner geistlosen Bürokratie. Er fürchtete ein Versiegen des revolutionären Geistes in persönlicher Passivität und politischer Erstarrung. Er stellte sich darum vehement gegen bürgerlichen und sozialdemokratischen Legalismus. Er war ein Feind des von den demokratischen Parteien geforderten Zusammentritts einer verfassungsgebenden Versammlung. Von einer solchen erwartete er nur die Wiederkehr des alten in neuem Gewande, den zentralistischen Staat.

„Die Nationalversammlung bedeutet, daß die Revolution die Pferde in den Stall stellt", schrieb er im November 1918 an Margarete Susman. Doch verkannte er auch die Gefahr, die von der anderen Seite drohte, nicht. Am 13. Dezember 1918 an Margarete Susman: „Ein schwerer Fall sind die Bolschewiki (Spartakusleute): Pure Zentralisten wie Robespierre und die Seinen, deren Streben keinen Inhalt hat, sondern nur um die Macht geht: Sie arbeiten einem Machtregiment entgegen, das noch viel scheußlicher wäre als alles, was die Welt vorher gesehen hat. Diktatur des bewaffneten Proletariats – dann wirklich lieber Napoleon!"

Doch ein kleineres Übel zu wählen, war in diesem Moment revolutionären Aufbruchs nicht die Zeit. Rettung vor beiden Gefahren sah er in unmittelbarer föderalistischer Neuschöpfung. „Was kommen Sie mir ferner mit

Bolschewiki, Radek, Trotzki? Der Unterschied zwischen uns ist doch nur der, daß Sie sie fürchten und ich mit meinem Föderationsprinzip die einzige Hilfe gegen sie und jeden gewalttätigen Zentralismus weiß", schrieb er an Gustav Mayer.

In einer Flugschrift, die man heute wieder lesen sollte, propagierte er als Alternative zu einer neuen Reichsverfassung eine *Verfassung der vereinigten Republiken Deutschlands*. Dabei hoffte er auf ähnliche Revolutionen in anderen europäischen Ländern: „Daß wir aus Angst vor der Entente oder der Diktatur des Proletariats eine preußisch-deutsche Zentralregierung à la Schiffer-Solf-Scheidemann brauchen, glaube ich keineswegs. Ein provisorischer Bundesrat aus Delegierten der korporativ aufgebauten Republiken Österreich, Bayern, Württemberg, Baden, Rheinland, Hannover, Brandenburg-Preußen (Preußen muß zerfallen) wäre eine völlig verhandlungsfähige Korporation, ganz abgesehen davon, daß mindestens in Belgien, Frankreich und Italien die Revolution wohl auch bald kommen wird."

Solche Zuversicht wechselte mit tiefster Niedergeschlagenheit und Skepsis. Als Kurt Eisner am Todestag Hedwig Lachmanns von der Reaktion ermordet wurde, riefen die Delegierten der Arbeiter- und Soldatenräte in München die Räterepublik aus. Daß Gustav Landauer zu diesem eines Don Quijote würdigen Abenteuer geraten hat, ist unwahrscheinlich. Doch stellte er sich, als es da war, in die vorderste Front, entschlossen, aus der Rätebewegung das zu machen, was sie nach seiner Überzeugung sein sollte. „Die Räte", so meinte er, „sind nicht, sie werden." Daß dieser Schritt in seiner Konsequenz Diktatur bedeutete, sah und akzeptierte er, nicht ohne die furchtbare Gefahr, die das in sich barg, zu verkennen. „Dieser Weg ist nur zu gehen", schrieb er in einem Brief, den er nicht abschickte, „wenn Männer an der Spitze stehen, die so lauter wie stark sind. Dies ist die Ecke, wo jede Revolution in der Gefahr allergrößter Korruption ist..."

Zum Beauftragten für Volksaufklärung, Unterricht und Wissenschaft ernannt, schrieb er an Fritz Mauthner:

„Läßt man mir ein paar Wochen Zeit, so hoffe ich etwas zu leisten, aber leicht möglich, daß es nur ein paar Tage sind und dann war es nur ein Traum." Es waren nur ein paar Tage. Dann übernahmen die Kommunisten die Macht, die auch nur ein paar Tage dauerte und in der Katastrophe ihr Ende fand.

Rückblickend muß man feststellen, daß die Münchner Räterevolution, von einer Minderheit ins Werk gesetzt und in sich gespalten, keinerlei Erfolgsaussichten hatte. Aber wäre Gustav Landauer, ohne diesen tragischen Irrtum zu begehen, für die Nachwelt mehr gewesen als ein soziologisierender Jugendstilliterat?

Ein paar Monate vor der Revolution schrieb er einen Aufsatz über Goethes Politik, in dem folgendes Zitat aus den *Aufgeregten* zu finden ist: „Wer aus großen Absichten fehlgreift, handelt immer lobenswürdiger, als wer dasjenige tut, was nur kleineren Absichten gemäß ist. Man kann auf dem rechten Wege irren und auf dem falschen rechtgehen."

AUGUSTIN SOUCHY IN MEMORIAM

Im deutschen Sprachgebiet, dem Vaterland des Marxismus, hat es der Anarchismus nie vermocht, wie in romanischen Ländern, breite Massen mit seinem Ideal zu erfüllen. Doch verkörperte er sich hier in bemerkenswerten Persönlichkeiten, die der Idee eine Ausstrahlung über die ganze Welt verleihen. Es genügt, an Gustav Landauer, Rudolf Rocker, Erich Mühsam und Pierre Ramus zu erinnern.

Zu den letzten Überlebenden dieser Generation deutscher Anarchisten gehörte der am Neujahrstag des Jahres 1984 in München verstorbene Augustin Souchy. Vielleicht darf man sagen, daß er einer der letzten Anarchisten war, die diesen Namen verdienten. Was bedeutete ihm dieser Name?

Gern antwortete Augustin Souchy auf diese Frage mit einem Zitat Immanuel Kants: „Anarchie ist Gesetz und Freiheit ohne Gewalt." Diesem Wahlspruch hielt er zeit seines Lebens mit seltener Geradlinigkeit die Treue. Er charakterisiert Souchy als Menschen und macht die besondere Art dessen aus, was er mit Anarchismus meinte. Dieser Auffassung steht eine andere gegenüber, die man mittels einer kleinen Wortverschiebung so formulieren kann: „Freiheit ist Gewalt ohne Gesetz." Von dieser anderen Art von „Anarchismus" hat Augustin Souchy sich immer ferngehalten.

Sein Vater war, so Souchy in seinen Erinnerungen, „einer der ältesten Sozialdemokraten Schlesiens". Als er selbst ins politische Leben eintrat, entschied er sich auf einer Versammlung, bei der die Marxistin Clara Zetkin und der Anarchist Gustav Landauer sprachen, für den letzteren.

Den Ersten Weltkrieg verbrachte Souchy als Refraktär in Schweden, wo er zum ersten Mal mit dem Gefängnis Bekanntschaft machte. Nach Kriegsende kehrte er nach Deutschland zurück und beteiligte sich mit Rudolf Rokker und anderen freiheitlichen Sozialisten am Aufbau der *Freien Arbeiterunion Deutschlands (FAUD)*, einer anarcho-syndikalistischen Organisation, die neben den anderen Gewerkschaften immer eine Minderheit bleiben sollte, die aber durch die Klarheit ihrer Ideologie und die moralische Kompromißlosigkeit ihres Handelns nicht ohne Einfluß war.

Im Jahr 1920 bereiste er während acht Monaten die Sowjetunion. Kurz vor dessen Tod traf er mit Peter Kropotkin zusammen. Ein Gespräch mit Lenin zeichnete sich durch das vollkommenste gegenseitige Unverständnis aus. Seine Erlebnisse und Beobachtungen veröffentlichte Souchy nach seiner Rückkehr unter dem Titel *Wie lebt der Arbeiter und Bauer in Rußland?*

Es war dies wahrscheinlich die erste sozialkritische Schrift über Rußland nach der bolschewistischen Machtergreifung. Wie keine andere hat sie dazu beigetragen, daß die anarcho-syndikalistischen Bewegungen Europas und Amerikas, die, fasziniert von der russischen Revolution, sich für kurze Zeit der kommunistischen Gewerkschaftsinternationale angeschlossen hatten, sich von dieser abwandten. Eine Folge dieser Wendung war die Gründung einer anarcho-syndikalistischen Internationale in Berlin, der man in Anknüpfung an die am Haager Kongreß 1874 von Karl Marx liquidierte 1. Internationale den Namen *Internationale Arbeiterassoziation (IAA)* gab.

1933 gelang Souchy die Flucht, die ihn nach Frankreich, Schweden und schließlich nach Spanien führte. Nach Ausbruch des spanischen Bürgerkriegs stellte er sich in Barcelona der anarcho-syndikalistischen *Confederacion Nacional del Trabajo* zur Verfügung und diente ihr als außenpolitischer Berater. Souchy studierte an Ort und Stelle die autonomen Wirtschaftskollektive, die damals auf dem ganzen Gebiet der Republik wie Pilze aus dem Boden schossen. Souchys Schriften und Bücher zu diesem Thema bilden eine der Hauptquellen zum Studium dieser freiheitlichen Revolution, die in der Geschichte nicht ihresgleichen kennt.

Nach dem Zusammenbruch der spanischen Republik flüchtete er nach Frankreich. Den einrückenden deutschen Truppen vermochte er durch Einschiffung nach Mexiko zu entgehen. Lateinamerika wurde Souchys zweite Heimat.

Durch ausgedehnte Reisen verschaffte er sich eine gründliche Kenntnis der sozialen und politischen Struktur dieses Kontinents. Später schickte ihn das Internationale Arbeitsamt auf eine Informations- und Vortragsreise durch sämtliche lateinamerikanische Länder und einige afrikanische. In seinem Buch über Lateinamerika schreibt er: „... Ich blieb in jedem Land solange ich es für notwendig erachtete, um mich über die politischen, ökonomischen und sozialen Verhältnisse zu unterrichten. Beförderungsmittel waren Autobus, Eisenbahn und Schiff, finanziert habe ich das Vorhaben durch Vorträge und Publizistik."

Die Teilnahme an Revolutionen, die hoffnungsfroh begannen und tragisch endeten, hatten ihn in dieser Hinsicht skeptisch gemacht. Er wurde mehr und mehr Pragmatiker, ohne allerdings die Idee, die aller Erfahrung Sinn gab, aus den Augen zu verlieren: „Meine Darstellung", so schreibt er, „möge einigen zu radikal, anderen nicht revolutionär genug sein. Sie ist empirisch, nicht doktrinär. Ich begann als dogmatischer Idealist und endete als idealistischer Realist, der sich bemühte, an der Verwirklichung humanitärer Sozialideale mitzuhelfen." Mit dieser Wandlung waren diejenigen unter seinen Genossen, die „dogmatische Idealisten" geblieben waren, unzufrieden. In anarchistischen Blättern und Kongressen der Nachkriegszeit wurde Souchy oft als Revisionist und Renegat verschrien.

Schon in Spanien trat er, im Gegensatz zu den Puritanern in seinem Lager, für eine Zusammenarbeit mit den antifaschistischen Parteien ein. Ein Alleingang hätte nach seiner Meinung nicht nur zur sicheren Niederlage, sondern auch, bei einem Erfolg, zu einer Diktatur der Anarchisten geführt, was ein innerer Widerspruch und die schlimmste aller Niederlagen gewesen wäre.

Angegriffen wurde Souchy später aus dem eigenen Lager wegen seiner kompromißlosen Solidarität mit den von der Castro-Diktatur verfolgten kubanischen Libertarios. Schon 1949 war er fünf Monate lang in Kuba, wo er im Rahmen der damals trotz der Diktatur existierenden Gewerkschaften und Genossenschaften unter den Zukkerrohrarbeitern Vorträge hielt und enge Beziehungen zur kubanischen Arbeiterbewegung anknüpfte. 1960 war er zum zweiten Mal in Kuba und wurde Zeuge der in der kubanischen Geschichte beispiellosen Repression der freien Arbeiterbewegung durch die Castro-Diktatur. Souchys radikale Ablehnung dieses Regimes, die seiner Verbundenheit mit den Opfern entsprach, wurde von der Mehrheit der Anarchisten in den romanischen Ländern nicht verstanden. Erst nach Jahren mußten sie sich davon überzeugen, daß er recht hatte.

Der andere Streitpunkt war Israel. Als Augustin Souchy zum ersten Mal nach Israel reiste, war er erstaunt, daß Martin Buber, der ein enger Freund Landauers gewesen war und in seinem Buch *Pfade in Utopia* für den föderalistischen Sozialismus plädiert hatte, von der Geschichte der anarchistischen Kollektive in Spanien keine Ahnung hatte. Doch bestand in den Augen Souchys zwischen der Kibbuzbewegung, die Buber als ein „nicht gescheitertes Experiment" bezeichnet hatte, und den Kollektiven der spanischen Revolution eine enge Verwandtschaft.

So sehr er als Internationalist die chauvinistischen Tendenzen innerhalb des Zionismus ablehnte, so entschieden vertrat Souchy gegenüber einer radikalen Jugend, die sich dem arabischen Nationalismus verschrieben hatte, das Existenzrecht Israels.

So bildete sich aufgrund persönlicher Beziehungen eine Ideengemeinschaft heraus, die sich mit keiner organisierten Bewegung noch überkommenen Doktrin deckte und die sich von München, wo Augustin Souchy bis zu seinem Tod die Feder nicht aus der Hand legte, bis nach Schweden, Spanien, Argentinien, New York, Miami und Tel Aviv erstreckte.

Abkömmling hugenottischer Emigranten, war Augustin Souchy Zeit seines Lebens Kosmopolit nicht aufgrund eines Entschlusses und nicht allein aufgrund der Zeitumstände, sondern von Natur. So sehr seine Persönlichkeit von deutscher Tradition geprägt war, so war doch sein Vaterland buchstäblich die ganze Welt.

Eindrucksvoll war Augustin Souchys Optimismus, den er sich trotz aller Rückschläge bis ins hohe Alter bewahrte. Wenn er auch mit immer größeren Zeiträumen rechnete, so verlor er doch nie den Glauben daran, daß der Tag kommen wird, an dem die Menschheit Gesetz und Freiheit ohne Gewalt verwirklichen kann.

MIGUEL DE UNAMUNO

In der Nacht vom 31. Dezember 1936 auf den 1. Januar 1937 starb in Salamanca der Dichter, Kritiker und Existentialphilosoph Miguel de Unamuno. Über die letzten Monate und Tage seines Lebens wissen wir wenig. Im Juli 1936 war der Bürgerkrieg ausgebrochen. Salamanca geriet in die Hände der Fremdenlegionäre und marokkanischen Söldner des Generals Franco.

Als Rektor der Universität habe Unamuno, so heißt es, eine mutige Rede gehalten, die der höchsten Stelle mißfiel. Er wurde seiner Stellung enthoben und bis zu seinem Tode unter Hausarrest gestellt. An die Adresse des Generals habe er, so sagt man, die Worte gerichtet: „Venceras pero no convenceras“ (Du wirst siegen, aber nicht überzeugen). – Politiker war Unamuno beiläufig.

Alle spanische Philosophie ist im höchsten Grade unpolitisch und politisch zugleich. Wenig bedeutet ihr das irdische Dasein. Zuwider ist ihr darum alles rechnende, abwägende Ordnenwollen der Dinge dieser Welt. Politik als sogenannte *Kunst des Möglichen* ist ihr fremd. Ein flüchtiger Augenblick zwischen Geburt und Tod ist dieses Dasein. Lohnt es sich, daran einen einzigen ernsten Gedanken zu verschwenden?

Que es la vida? Un frenesi!
Que es la vida? Una ilusión!
Una sombra, una ficción.
Que el mayor bien es pequeño,
Que toda la vida es sueño,
Y los sueños sueños son.

(Was ist das Leben? Ein Wahn!
Was ist das Leben? Eine Illusion!
Ein Schatten, eine Fiktion.
Das höchste Gut ist klein.
Das ganze Leben ist ein Traum.
Und die Träume sind Träume.)

Diese berühmten Verse Calderons geben eine Grundstimmung alles echt spanischen Denkens wider, deren letzter großer Vertreter Miguel de Unamuno war. Weltabgewandt frömmelnder Quietismus? Epikuräischer, ästhetisierender Skeptizismus?

Dem Spanier steht ein dritter Weg offen. Als *Locura* bezeichnet er ihn. Verrückt werden müssen wir wie Don Quijote, sagt uns Unamuno. Unter *Verrücktheit* versteht er aber nicht Unvernunft, so wie ja auch Don Quijote keineswegs unvernünftig war, sondern weit eher Widervernunft oder Antivernunft, Abkehr von allem, was die *Vernunft* meint. Am wenigsten gehen wir fehl, wenn wir Unamunos *Vernunft* als den *gesunden Menschenverstand* interpretieren. Wird diese Abkehr mit ganzer Seele vollzogen, so ist sie Bekehrung – zur Wirklichkeit des Lebens. Leben, so meint der Spanier, sei nur das, was nach diesem Verstande unmöglich sei, denn nach diesem Verstande möglich sei nur der Tod.

Spanischer Politik, soweit sie nicht internationale Politik ist, die sich zufälligerweise auf spanischem Boden abspielt, kann man nur gerecht werden, wenn man sie als *Kunst des Unmöglichen* versteht. In dieser Weise ist auch Unamunos Denken politisch.

Nichts anderes gilt es, als das Reich Gottes und seine Gerechtigkeit aufzurichten, und zwar im Himmel wie auf Erden. Durchaus fühlt er sich als Nachfahre der Kreuzritter, die im Kampf gegen die Ungläubigen die spanische Nation schufen. Aber nicht darum verehrt er sie, weil sie Länder eroberten, Städte verwüsteten und Kontinente entdeckten, sondern weil sie verrückt waren und das Unmögliche wollten. Sein Vorbild ist denn auch keiner von den authentischen Rittern, sondern jener von der traurigen Gestalt, dem die Illusion Wirklichkeit und die Wirklichkeit ein Werk böser Zauberer war und der meinte, er sei dazu da, um „im eisernen Zeitalter für das goldene zu kämpfen".

Unamuno blieb zeitlebens katholisch – trotz der Kirche, die sein philosophisches Werk mit Acht und Bann belegte. Sein Antirationalismus war nicht nur ein Ärgernis allen Rechtgläubigen des Fortschritts, sondern verstieß auch gegen den Rationalismus der katholischen Kirche, die in der Nachfolge Thomas von Aquins die Beweisbarkeit der Existenz Gottes zum verpflichtenden Glaubenssatz erhob. Nicht verzeihen konnte sie es dem Philosophen, daß er sich auf die Seite Don Quijotes stellte und nicht auf die des ehrbaren Geistlichen, der im Verein mit dem Dorfbarbier den Verrückten zur Räson bringen wollte. Eine solche Haltung muß jedem, der meint, die Ordnung dieser Welt sei von Gott eingesetzt, als höchst gefährlich erscheinen. In den Augen Unamunos hat die Gerechtigkeit Christi nichts zu tun mit dem, was dem Vernünftigen als soziale Nützlichkeit erscheint. Wahrhaft nützlich ist ihm nur das, was zur Ewigkeit führt.

Offizielles Kirchentum aller Konfessionen ist bis zu einem gewissen Grade immer utilitaristisch, denn neben dem, was eine Kirche sonst noch sein mag, ist sie immer auch Abbild und Bestandteil einer weltlichen Ordnung. Diesem Gegensatz hat Dostojewski in der Legende vom Großinquisitor klassischen Ausdruck gegeben. Mit dem orthodoxen Russen besaß der katholische Spanier auch als Novellist manches Gemeinsame. Das Baskenland, in dem Unamuno geboren wurde, ist die katholischste Provinz Spaniens. Aber so, wie sich der Baske als Ureinwohner der iberischen Halbinsel empfindet, so fühlt er sich in seinem Glauben der spanischen kirchlichen Hierarchie wenig verpflichtet und auch der römischen nur bedingt. Baskische Priester standen im Bürgerkrieg Seite an Seite mit Atheisten und Anarchisten gegen jene Putschisten, welche die Rettung des Christentums auf ihre Fahnen geschrieben hatten.

Das baskische Freiheitsethos war auch Unamuno eigen. Sein Ruf nach Besinnung auf die historischen Wurzeln des Spaniertums hat nichts gemein mit jenem äußerlichen politischen und sozialen Traditionalismus, der oft nichts weiter als eine Verkleidung sehr materieller Interessen ist.

Bevor Don Quijote in die Höhle des Montesino hinabsteigen kann, muß er deren Eingang von Disteln und Dornen säubern. Diese Disteln und Dornen interpretiert Unamuno eben als den starren traditionalistischen Formalismus, der den Weg in die Tiefe geistiger Tradition ebenso versperrt, wie eine versteinerte Kirche den Quell lebendigen Glaubens vermauert.

Aufgrund seines Eintretens für die Republik wurde Unamuno im Jahre 1924 vom damaligen Diktator Primo de Rivera auf die Insel Fuerteventura deportiert. Mit Hilfe eines französischen Verlegers gelang ihm die Flucht. Im Pariser Exil schrieb Unamuno *Die Agonie des Christentums*. Diese an Kierkegaard gemahnende Schrift bildet mit dem in Spanien verfaßten Buch über *Das tragische Lebensgefühl* Unamunos philosophisches Hauptwerk.

Den Kierkegaard des Südens könnte man ihn nennen. Unter demselben tragischen Widerspruch der Existenz leidet er wie der Däne, doch ist sein Werk von einer menschlichen Wärme erfüllt, die dem nordischen Protestanten fehlte. Man hat Unamuno als Vitalist bezeichnet. Diese Benennung ist grundfalsch, wenn man bei ihr an Biologie denkt oder etwa an die Klagessche Antithese von Geist und Seele. Der Geist ist nicht Widersacher des Lebens, sondern er ist das Leben selbst, und dieses ist nichts, wenn es nicht Geist ist. Ungeist und Unleben ist die *Vernunft*, wenn sie sich herausnimmt, das Leben ihrem Kausalgesetz unterzuordnen.

„Bei einer Tat des Großmuts, des Heroismus, der Tollheit fällt diesen törichten Schwätzern, diesen Pfaffen und Barbieren heutzutage nichts anderes ein als zu fragen: 'Warum macht er nur so etwas?' Und wenn sie den Grund einer solchen Tat gefunden zu haben meinen, dann erklären sie: 'Bah, er hat es deswegen oder deswegen getan.' Sofern die Existenz irgendeiner Sache einen bestimmten Grund hat und sie den Grund kennen, verliert die Sache jeden Wert für sie. Dazu dient ihnen ihre Logik, ihre schmutzige Logik."

Unamuno bezeichnet sich selbst mit Vorliebe spielerisch als Quijotist. Gerne würde man ihn einen Illusionisten nennen, wenn das Wort nicht einen nur negativen Klang hätte. Das spanische *ilusión* ist doppelsinnig. Einerseits meint es Illusion, das heißt die trügerische Vorspiegelung von etwas nicht Realem, eine schillernde Seifenblase, die im nächsten Moment platzen und tiefster Enttäuschung Platz machen wird. Häufig aber gibt der Spanier demselben Wort einen entgegengesetzten Sinn. Er sagt *ilusión* und meint *esperanza*, Hoffnung, mehr noch: Freude, leuchtende Begeisterung. Er braucht das Wort bald in negativem, bald in positivem Sinne, ohne sich immer darüber im klaren zu sein, daß er Gegensätzliches meint. Seine begeisterte Hoffnung ist gleichzeitig gegenwärtiges Glück und Illusion. Seine Illusion ist Hoffnung und gegenwärtiges Glück. Sein Leben ein Traum, sein Traum – Leben. So sagt auch Unamuno an einer Stelle: „Wir müssen unser Leben träumen und unseren Traum leben." Nicht eigentlich unterscheidet der Spanier zwischen Sein und Schein, zwischen Imagination und Wirklichkeit. Ohne die Illusion, ewig zu leben, meint Unamuno, vermöchten wir nicht einen Augenblick zu leben.

Die größte und heiligste der Illusionen ist die Liebe. (Was bleibt von ihr auf dem Sezierbrett der Vernunft?) Liebe ist Ewigkeit. Aber nicht in dem Sinne, in dem man etwa sagt „Der Augenblick ist Ewigkeit". Vielmehr fordert der Augenblick Ewigkeit, das heißt die Illusion der Ewigkeit. Wir wissen, das heißt unsere Vernunft sagt uns, daß die Liebe vergeht und wir sterben müssen. Das Gesicht der Geliebten verwelkt und verdorrt. Unaufhörlich sterben wir, und der erhabenste Augenblick ist dem Tod am nächsten. Sogar der Stern am Himmel fordert des Philosophen Mitleid heraus, weil auch er wird sterben müssen. – Alles ist Illusion.

Man ist versucht, an den Schleier der Maya zu denken, hinter dem sich das erlösende Nichts verbirgt. Aber der christliche Spanier meint es anders. Nicht ein verhüllender Schleier ist die Illusion, sondern sie allein ist das Wirkliche. Das ist nicht etwa in dem Sinne gemeint, in dem der Psychologe von *subjektiver Wirklichkeit* spricht, womit er etwas tatsächlich Unwirkliches versteht. Der Spanier meint dies realistisch und sogar materialistisch. Er liebt seinen Körper. Nicht verzichten will er auf die Ewigkeit seines Leibes. Kein intellektuelles, abstraktes Lebenssubstrat vermöchte ihn zu befriedigen oder auch nur zu interessieren. So kann sich auch Unamuno mit einem abstrakten Himmel und mit einem nur moralischen Kantianischen Gott nicht zufrieden geben.

Auf der anderen Seite – und das ist das Paradoxe oder, wie er sagt, *Agonische* seines Wesens – will und kann er auf seinen kritischen Verstand nicht Verzicht leisten, weil dies eine unehrliche, selbstbetrügerische Haltung wäre. „Wie soll man wie ein Köhler glauben, wenn man nun einmal kein Köhler ist?" Die Jesuiten, so sagt er einmal, hätten das spanische Volk gelehrt, Glauben mit Dummheit zu verwechseln und einfach alles zu glauben, was man ihnen vorschwatze.

Trotz Unamunos schroffer Ablehnung des Kantschen Vernunftglaubens ist unverkennbar, daß er den Königsberger Philosophen genau gelesen hat. Kants Vernunft ist keineswegs so *vernünftig*, wie es den Anschein haben mag. War nicht auch er ein *loco*, der das Äußerste nach innen und das Innerste nach außen kehrte? Widersprach nicht alles, was er sagte, dem gesunden Menschenverstand? Kant hat den Widerspruch scheinbar gelöst, indem er ihn als *Erkenntnistheorie* intellektualisierte. Der Spanier durchlebt ihn mit allen Fasern seines Wesens. Er reißt ihn auf und läßt ihn offen. Unamunos *Ding an sich*, die Wirklichkeit, das Leben, das wirkliche Leben, offenbart sich dem Menschen im Glauben, in der *ilusión*, die „Berge versetzt". Diese vermag wohl aus Windmühlen Riesen zu machen. Oder verwandelt vielmehr unsere jämmerliche Vernunft die Riesen in Windmühlen und die herrliche Dulcinea in eine häßliche Bauernmagd?

Das Tragische des Lebens heißt Unamunos philosophisches Hauptwerk. Das Tragische durchzieht unser Dasein. Niemand kann ihm entgehen, es sei denn durch die Flucht in die Banalität des *gesunden Menschenverstandes*, dieser Sünde wider den Heiligen Geist, für die es keine Vergebung gibt. Die Flucht vor dem Tragischen ist darum tödlich, weil eben das Tragische unser Leben vergeistigt und verewigt. Tragische Liebe ist Mitleid, Mitleid mit uns selbst, mit dem Nächsten und Fernsten, Mitleid mit allem, was da ist und nicht mehr da sein wird. Mitleid bedeutet für Unamuno nicht wie für Schopenhauer passive Resignation, sondern aktiv-kämpferische Betätigung des Willens. Es gibt darum in diesem Leben keinen *ewigen Frieden*. Nur den *Frieden im Krieg* (Titel von Unamunos erstem Roman) können wir gewinnen, wenn wir das Tragische annehmen.

„Gott gebe dir, lieber Leser, keinen Frieden, aber seine Herrlichkeit." So schließt Unamuno. – Aber auch dem Frieden im Himmel traut der Spanier nicht. Will er ihn eigentlich? Ewiger Friede wäre kein Leben mehr. Der Friede, den wir ersehnen, würde uns in nichts auflösen. Das ist die letzte Verzweiflung, die Agonie des Gläubig-Ungläubigen.

KARL JASPERS

In Basel ist der Philosoph Karl Jaspers gestorben. In Kreisen, die sich *freiheitlich* nennen, wurde von diesem wohl bedeutendsten Philosophen unserer Tage wenig Notiz genommen.

Das ist nicht verwunderlich, denn Karl Jaspers' Denkweise hatte nichts gemein mit dem, was man gewöhnlich unter *libertärer* oder *anarchistischer* Philosophie versteht. Einer Tradition aus dem vergangenen Jahrhundert folgend, nennt man freiheitlich, fortschrittlich und revolutionär ein Denken, das die Freiheit in Gesellschaft und Staat zwar fordert, ihre im menschlichen Sein begründete Realität aber leugnet. In einem materialistischen, monistischen, wissenschaftsgläubigen Weltbild ist die Freiheit eine bloße, subjektive Illusion. Der Mensch glaubt, frei zu entscheiden und zu handeln und ist doch nur ein Glied in der Kette von Ursachen und Wirkungen, eine Marionette des Kausalgesetzes, dem nichts und niemand zu entrinnen vermag.

Dieses Gesetz, das aller wissenschaftlichen Erforschung der Welt zugrunde liegt, läßt eine Freiheit nicht zu. Als frei erscheint uns hier nur etwas, dessen Ursache wir noch nicht kennen. Wenn die Gläubigen dieses freiheitlich und fortschrittlich genannten Weltbildes in Staat und Gesellschaft Freiheit fordern, so fordern sie nicht wirklich Freiheit (die es ja nicht gibt), sondern sie fordern von Staat und Gesellschaft lediglich, dem Menschen die Illusion zu geben, frei zu sein.

Die Krise der sozialen und politischen Freiheit, die wir in unseren Tagen erleben, scheint mir ihren tiefsten Grund in diesem philosophischen Widerspruch zu haben. Jede wirklich freiheitliche Philosophie muß darum von der Kritik des naturalistischen Weltbildes, das ein im tiefsten Sinne unfreies, sklavisches Weltbild ist, ausgehen.

Diese Kritik vollbrachte am Ende des 18. Jahrhunderts Immanuel Kant. Jede Philosophie, welche diese Kritik überspringt, negiert oder verbiegt, kann nicht Anspruch erheben, eine freiheitliche Philosophie zu sein.

Kant erkannte die Welt der Dinge, die unsere Augen sehen, unsere Ohren hören, unsere Hände ertasten, unser Verstand zu einem einheitlichen Ganzen zu verketten sucht, als eine durchaus unfreie. Die Unfreiheit dieser Welt der Gegenstände hat für unser Erkenntnisvermögen eine positive Seite. Denn nur ihre lückenlose Verkettung durch das Kausalgesetz erlaubt unserem Verstand, sie wissenschaftlich zu erforschen. Freiheit wäre hier gleichbedeutend mit undurchdringlichem Geheimnis. Dies gilt auch für den Bereich der Mathematik, indem hier der Verstand sich selbst zum Gegenstand macht.

Doch sah der Philosoph gleichzeitig, daß wir die Dinge nur so erkennen können, wie sie unseren Sinnen erscheinen. Er erkannte, daß die Resultate unserer Wahrnehmungen und unseres an diese Wahrnehmungen gebundenen Verstandesdenkens immer subjektiv von der Beschaffenheit unserer eigenen wahrnehmenden und denkenden Natur abhingen. Diese unfreie und ebendarum wissenschaftlich erforschbare Welt nannte er eine Welt der Erscheinungen. Von den Dingen, wie sie an sich seien, sagte er, könnten wir nichts wissen. Jaspers nannte die von Kant erkannte menschliche Grundsituation die *Subjekt-Objekt-Spaltung*. Die Tatsache dieser Spaltung erweist sich an den von Kant sogenannten *Antinomien*, d. h. Widersprüchen, auf die unser Denken stößt, solange es sich in dem naiven Wahn befindet, die Welt der wahrnehmbaren Gegenstände sei eine Welt an sich und nicht eine Welt von Erscheinungen.

Wir vermögen nicht zu denken, daß Raum und Zeit begrenzt seien. Moderne Mathematiker, die glauben, dies denken zu können, täuschen sich über sich selbst, indem sie bloßes Abstrahieren mit eigentlichem, verstehendem Denken verwechseln. Der Begriff der Grenze schließt in sich den Gedanken ein, daß jenseits ihrer wieder etwas sei. Analog zu dieser Antinomie konstatiert Kant eine Antinomie zwischen Freiheit und Unfreiheit. Ebenso wie sich die Welt unserem Gedanken als unendlich und endlich darstellt, stellt sie sich ihm als frei und unfrei dar. Diese Antinomien lösen sich für Kant in der Vernunfterkenntnis, daß diese Welt der räumlich und zeitlich begrenzten Dinge eine Welt der Erscheinungen sei und nicht eine Welt an sich. Das Sein erscheint uns im Medium von Raum und Zeit als begrenzt. An sich ist es weder räumlich noch zeitlich verstehbar, also jenseits aller Grenzsetzung.

Ebenso gehört die Freiheit zu der Welt der Dinge an sich, von denen unser Verstand nichts wissen kann und die wir nur auf intuitivem Weg erfahren können. Die Freiheit hat in der Welt der Erscheinungen keinen Raum. Wir erkennen diese Welt als verkettet durch Ursache und Wirkung, ist doch unsere ganze wissenschaftliche Betrachtungsweise nichts als ein Suchen nach Ursachen. Und sofern wir uns als Teile dieser Welt erscheinen, erscheinen wir uns selbst als unfrei. Doch hat es diese Forschung immer mit Dingen in dieser Welt zu tun und nie mit der Welt als einem Ganzen, denn der Determinismus von Ursache und Wirkung setzt einen Anfang voraus, der immer nur relativ zu einem anderen Ding, niemals aber absolut als Weltanfang gesetzt werden kann. Unfrei ist darum der Mensch als Objekt der biologischen, psychologischen Forschung.

Anders gestaltet sich die Frage, wenn wir nach dem Sinn dieser Wissenschaften fragen. Ein solcher ist, wenn wir die Freiheit als Wirklichkeit oder als Möglichkeit negieren, durchaus nicht einzusehen. Die Wissenschaft negiert zwar die Freiheit ihrer Objekte, braucht diese aber zugleich als notwendige Voraussetzung. Nur die philosophische Einsicht in die Grundsituation der Subjekt-Objekt-Spaltung ermöglicht es, die Freiheit als eine die Welt der dem Kausalgesetz gehorchenden Erscheinungen überschreitende Wahrheit zu bejahen.

Für Karl Jaspers war die Erkenntniskritik Kants grundlegend. Sie war ihm sichere rationale Basis für sein eigenes existentielles Philosophieren.

Der Name der Existentialphilosophie stammt nicht von Sartre und auch nicht von Heidegger, sondern von Jaspers.

Dieses Philosophieren hatte einen eminent praktischen Ausgangspunkt. Jaspers' Lebensweg führte zur Philosophie über Rechtswissenschaft und Psychiatrie. Auch auf dem Gipfel seines Denkens hat er diesen Weg nie verleugnet. Philosoph sein bedeutete ihm Arzt sein, Helfer für die Verbesserung des Lebens des einzelnen wie der Gesellschaft. In einem tieferen Sinne als Karl Marx war er davon überzeugt, daß die Aufgabe der Philosophie nicht sei, die Welt zu erklären, sondern sie zu verändern. Eine Erklärung der Welt hielt er mit Kant a priori für unmöglich, eine Veränderung und Verbesserung für die menschliche Aufgabe. Die dazu nötige Art der Erkenntnis nannte er Existenzerhellung.

Was verstand er unter Existenz?

Für Jean Paul Sartre bedeutet Existenz der vitale Daseinstrieb des Menschen als das einzige, was wirklich existiert. Hier ist die Möglichkeit der Freiheit ausgeschlossen. Für Jaspers ist Existenz die persönliche Erfahrung der Unfreiheit in der raum-zeitlichen, sinnlich und verstandesmäßig erfahrbaren Welt und die Erfahrung der Freiheit in der Transzendenz. Die Welt der Unfreiheit in der Erscheinung erleiden wir im Scheitern unserer denkenden und handelnden Bemühungen. Die Transzendenz im Sinne Jaspers' erfahren wir nicht mit dem Intellekt noch durch jenseitiges, *okkultes* Erleben. *Im Licht des Tages* erfährt sie jeder auf seine Weise in den *Grenzsituationen* seines Lebens.

Jaspers' Philosophie ist trotz ihres rational, sogar professoral anmutenden Gewandes eine Philosophie der Unruhe, ähnlich der Kierkegaards, Nietzsches, Unamunos oder Dostojewskis. Neben Kant war es Kierkegaard, der Jaspers entscheidende Impulse gegeben hat. Wie Albert Camus empfand er das Absurde des Daseins. Wie das Miguel de Unamunos ist das Lebensgefühl von Karl Jaspers ein tragisches. Doch ist das tragische Scheitern der Preis, den wir für unsere Freiheit bezahlen müssen. In ihm gewinnen wir die Erhellung unserer transzendentalen Existenz.

Nicht um zwei voneinander getrennte Welten handelt es sich jedoch. Sie sind auf geheimnisvolle Weise miteinander verwoben. Erhellung unserer Existenz ist Sinngebung eben jener natürlichen Welt, in der wir leben. In seiner religiösen Sprache meinte Leo Tolstoi dasselbe, als er sagte: „Gott ist das, was mich dazu veranlaßt zu leben und mich nicht zu erschießen." In der Transzendenz gewinnen wir die Freiheit, die Welt zu verändern, indem wir dieser unsere Erkenntnis mit unserem wirkenden Dasein mitteilen. Transzendente Erkenntnis ist nicht nur rezeptiv registrierend wie die intellektuelle, sondern sie ist an sich handelnd und schöpferisch. Man hat Karl Jaspers wegen seiner transzendentalen Haltung einen verkappten Theologen genannt. Doch schließt dieses Denken die Theologie aus und wird von der Theologie ausgeschlossen, während auf der anderen Seite zwischen immanenten Philosophien wie dem Positivismus oder dem sogenannten Existentialismus Heideggers und Sartres einerseits und der Theologie andererseits eine Verständigung durchaus möglich ist.

Jaspers' philosophischer Glaube ist kein religiöser und schon gar nicht ein theologischer. Zur Religion sagt er auf philosophische Weise ja, zur Theologie nein. Religiöse Offenbarung ist Wahrheit als Symbolsprache der Transzendenz. Sie wird zur Unwahrheit in ihrer Objektivierung durch die Theologie. Religiöser Glaube ist Wahrheit, indem er Transzendenz in unmittelbarem Bilde aufnimmt. Er wird zum Aberglauben, wenn er Bilder zu Realitäten umwertet, wenn er Nichtgegenständliches verdinglicht, Nichträumliches und Nichtzeitliches in Raum und Zeit lokalisiert. Der Gott des theologischen Aberglaubens ist ein überdimensioniertes Bild des natürlichen Menschen und somit Inbegriff alles Tyrannischen. Der philosophische Glaube ergreift Gott nicht als Objekt, sondern berührt die Transzendenz an der Grenze alles Objektiven. Durch den menschlichen Geist wirkt die Transzendenz in der Welt als Freiheit. Sie ragt in die Welt der endlichen Dinge als Chiffreschrift, die nur jeder einzelne auf persönliche Weise in einmaliger, nicht lehr- und nicht lernbarer Grenzerfahrung verstehen kann.

Die Wahrheit teilt sich jedem einzelnen auf unendlich verschiedene Weise mit. Darum ist eine Einheit, wie sie sich durch die qualitative Gleichheit unseres Verstandes im Erfassen endlicher Dinge ergibt, im Bereich des transzendentalen Seinsverständnisses unmöglich. Jede Doktrin, jede Kirche oder Kapelle, die solche Einheit zu repräsentieren vorgibt, entfernt sich von der Wahrheit. Wir reden verschiedene Sprachen und verstehen uns nie völlig. Die Transzendenz vermittelt kein Wissen, das als Wahrheit gelehrt werden könnte. Wer sich solches Wissen anmaßt, wird für die anderen zum Tyrannen.

Zur Tyrannei entarten nicht nur Religionen in dem Maße, in dem sie ihre Glaubensinhalte vergegenständlichen, sondern auch die Philosophien, indem sie transzendente Erlebnisweisen zu metaphysischen Systemen erstarren lassen, ebenso die Wissenschaften, indem sie endlich begrenzte Teilerkenntnisse, die nur von transzendentaler Schau her sinnvoll sein können, als Erkenntnisse von einem objektiven Sein mißverstehen.

In diesem ebenso gläubigen wie kritischen Sinne würdigt Karl Jaspers die großen Metaphysiker der Vergangenheit. Ihre Wahrheit liegt in der Raum und Zeit überschreitenden Bewegung ihres Denkens. Ihre Aussagen enthalten Wahrheit nur als Chiffren der Transzendenz und nicht als Erkenntnisse von einem Sein als einem objektiv gegebenen. Werden sie in letzterem Sinne mißverstanden, so entstehen die monströsen Gebilde eines philosophischen Aberglaubens wie die raum-zeitliche Sphärenwelt in der Scholastik und der Theosophie oder der objektive Geist der Geschichte im Hegelianismus.

Ebenso bekämpft Jaspers jeden vermeintlichen wissenschaftlichen Anspruch auf ein Totalwissen als Aberglauben. Jede Wahrheit wird hier zur Lüge. Rassenforschung wird zur diskriminierenden, verbrecherischen Rassentheorie. Als Anhänger redlicher soziologischer Forschung bekämpfte Jaspers den mit dem Machtanspruch eines Totalwissens auftretenden Marxismus. Von hier aus ist seine harte, jedoch weitgehend berechtigte Kritik der Psychoanalyse zu verstehen.

Wie finden wir uns aber, so fragt Jaspers, in dieser Welt, in der keine Einheit des Seinsverständnisses herzustellen ist? Seine Antwort lautet: „In der Vernunft, zu der uns persönlich transzendentale Existenzerhellung an der Grenze alles Objektiven erleuchtet."

Jaspers' existentieller Vernunftbegriff unterscheidet sich wesentlich vom dogmatischen Vernunftbegriff des sogenannten Rationalismus. Vernunft ist ein die Subjekt-Objekt-Spaltung nicht Aufhebendes, wohl aber *Umgreifendes*. Als Bewußtsein subjektiver Begrenzung führt sie zur Toleranz. Als Teilhabe an einem Allgemeinen zur Kommunikation. Der Kampf zwischen den Menschen in ihren verschiedenen Erlebnis- und Denkweisen ist unvermeidlich. Philosophischer Glaube aber kann dazu führen, daß aus dem hassenden ein liebender Kampf werde.

So stellt sich die Verwirklichung der Freiheit in Staat und Gesellschaft als immerwährende menschliche Aufgabe. Die Freiheit ist nicht, wie Hegel und Marx glaubten, immanentes Ziel der Geschichte. Solcher Glaube ist, wie Jaspers meinte, in seiner Konsequenz totalitär, weil er im Namen einer fiktiven, abstrakten Freiheit die reale Freiheit der Person mißachten muß. Wohl steht der Mensch in der Zeit, ist als zeitliches Wesen durch die von seinen Vorfahren geschaffenen Tatsachen in seinen Möglichkeiten begrenzt. In seiner Beziehung zur Transzendenz steht er aber auch „quer zur Zeit" und ist insofern Schöpfer der Geschichte.

Ähnlich dachte Albert Camus, der, obwohl er Transzendenz nicht wahrhaben wollte, transzendental dachte, als er schrieb, die Marxisten hätten recht, wenn sie sagten, daß die Geschichte den Menschen eine Grenze setze, aber der Mensch setze in seiner Revolte seinerseits der Geschichte eine Grenze und an dieser Grenze entstehe sein Wert. Nie am Ziel, da in ihrem Wesen zeitlos, ist die Freiheit dem Menschen als Aufgabe gesetzt. In dieser Erkenntnis besteht Jaspers' liberales politisches Bekenntnis.

Liberal war Karl Jaspers in einem ursprünglichen Sinn des Wortes, der mit kapitalistisch nichts gemein hat. Seine Gesinnung stand in der Tradition jenes klassischen Humanismus, der mit den Namen Lessing, Schiller, Humboldt verbunden ist. Als handelnder Politiker trat er nie in Erscheinung, doch war sein philosophisches Denken immer politisch engagiert. Er kritisierte die autokratische Beschränktheit des Kaiserreichs und den sozialen Dilettantismus der Weimarer Republik. Während der Nazizeit war seine Stimme zum Schweigen verurteilt. Nach 1945 nahm Jaspers als Professor in Heidelberg Stellung gegen die Neugründung eines deutschen Staates. Diese werde, so meinte er, ohne wirkliche Beteiligung des Volkes die alte autoritäre Parteiroutine wiederherstellen und müsse in ihrer Konsequenz wieder in der Diktatur landen. Eine wirkliche Demokratisierung Deutschlands konnte er sich nur als tiefgehende soziale Umstrukturierung vorstellen und eine solche, meinte er, müsse bei der Selbstverwaltung der Gemeinde beginnen.

Jaspers' damalige Stellungnahme erinnert auffallend an die Gedanken und Ratschläge, die Rudolf Rocker in seiner 1947 erschienenen Schrift *Zur Betrachtung der Lage in Deutschland* niedergelegt hat. Solche Gedanken stießen nicht nur in Deutschland, sondern auch bei den Besatzungsmächten auf taube Ohren. Wie schon früher in der deutschen Geschichte wurde die Freiheitsidee von der Idee der nationalen Einheit verdrängt.

Jaspers lehnte die Ausrichtung der westdeutschen Politik auf eine utopische Wiedervereinigung des geteilten Deutschland ab und riet den Deutschen, im Westen ein Maximum an Freiheit zu schaffen und die Entstehung eines Minimums an Freiheit im Osten zu begünstigen. Diese Haltung wurde ihm vom offiziellen Deutschland als Hochverrat angekreidet.

In seiner Schweizer Wahlheimat schrieb Jaspers in hohem Alter sein letztes und entschiedenstes Buch *Wohin geht die Bundesrepublik?* Ausgangspunkt dieses Buches ist die Auseinandersetzung der deutschen Politik über die Verjährung der Naziverbrechen. Bedeutungsvoll ist dabei weniger Jaspers' eigene Stellungnahme in dieser Frage als vielmehr seine vernichtende moralpsychologische Analyse der debattierenden Politiker, die sich über die Tagesfragen hinaus zu zeitloser Gültigkeit erhebt. Ebenso übt Jaspers Kritik am parlamentarischen Zentralismus, der nach des Philosophen Meinung in Deutschland jede wirklich demokratische Entwicklung unmöglich macht.

In seiner Polemik gegen die geplanten sogenannten Notstandsgesetze spricht Jaspers den ketzerischen Gedanken aus, daß in Zeiten eines nationalen Notstandes ein Land nicht durch Disziplin und Gehorsam, sondern nur durch verantwortungsvolle Disziplinlosigkeit seiner Bürger gerettet werden könne. Als Beispiel für dieses Faktum führt er das Jahr 1918 an, als ein mörderischer und selbstmörderischer Offensivplan der deutschen Heeresleitung dadurch vereitelt wurde, daß sich die Soldaten weigerten weiterzukämpfen.

Ungefähr gleichzeitig mit dem Erscheinen dieses Buches erhob sich in Deutschland der Sturm der radikalen Studenten und der sogenannten außerparlamentarischen Opposition. Ohne jeden Zweifel hat die Kritik Jaspers' an der Entstehung dieser Bewegung einen wichtigen Anteil. Man könnte mit Heinrich Heine sagen, sie sei die „Tat von seinem Gedanken."

Im Unterschied zu kleineren Geistern erlag Karl Jaspers nie der Versuchung, kommunistischen oder kommunisierenden Annäherungsversuchen Gehör zu schenken. Im Versuch, auf die Frage nach der Möglichkeit der Rettung der Menschheit eine Antwort zu geben, schrieb Jaspers folgenden Satz: „Kein Weltstaat, kein Weltparlament! Auf diesem Wege entstünden unfehlbar Diktatur und totale Herrschaft. Keine Weltpolizei – auf diesem Wege entstünde jene zentrale Macht, die bei Abschaffung der Heere die faktische Gewalt bekäme, sie ergreifen und ausnützen würde. Das Mögliche und Wünschenswerte würde ein Gewebe von vielen Verträgen sein, das die Menschheit zu einer faktisch friedlichen Einheit in einem immer noch labilen Zustand verbände."

Diese Ansicht entspricht auffallend der Perspektive, die Pierre Joseph Proudhon in seiner Schrift *Über das föderative Prinzip* entwickelt hat, als die Machtkonzentrationen, die uns heute beherrschen und tödlich bedrohen, erst im Werden waren. Diese Verwandtschaft ist nicht zufällig. Sie erinnert uns daran, daß Karl Marx in seiner hämischen Polemik gegen seinen anarchistischen Widersacher schrieb, dieser philosophische Dilettant habe die Hegelsche Dialektik nie verstanden und der einzige deutsche Philosoph, den er in französischer Übersetzung gelesen habe, sei Immanuel Kant gewesen.

Auf diesen geistesgeschichtlichen Zusammenhang aufmerksam gemacht, äußerte Karl Jaspers: „Was Sie über Proudhon, Marx und Hegel sagen, scheint mir sehr treffend."

GASTON LEVAL

Gaston Leval ist am 8. April 1978 in Paris gestorben. Bis zuletzt war er für sein Ideal tätig. Während der letzten zwanzig Jahre seines Lebens gab er abseits der großen politischen, gewerkschaftlichen und ideologischen Organisationen eine Zeitschrift heraus, die zuerst *Cahiers du socialisme libertaire*, dann *Cahiers de l'humanisme libertaire* und zuletzt *Civilisation libertaire* hieß. Mit diesen Titeln umschrieb er das Anliegen, in dessen Dienst er sein Leben gestellt hatte. Das Wort Anarchismus suchte er zu vermeiden, da es in den Ohren derer, an die er sich wandte, zu sehr nach terroristischer Gewaltsamkeit, überspitztem Individualismus oder naivem Utopismus klang.

Levals Publikationen konnte man lesen, ohne sich bei den sonst üblichen Kraft- und Schlagworten zu langweilen oder über substanzlose Schimpfkanonaden zu ärgern. Hier sprach ein rationaler Geist, geradeaus auf sein Ziel gerichtet und unbekümmert um den Propagandalärm von rechts und links.

Unbestechlich war das Leben dieses Revolutionärs. Für den Unterhalt seines Lebens arbeitete er unter den schwierigsten Bedingungen bis ins hohe Alter, ohne je von einer Organisation bezahlt zu werden. Wenn er es für richtig hielt, nahm er an großen Massenbewegungen teil. Doch kritisierte er diese, wenn er es für angebracht hielt und verließ sie auch, wenn sie nach seiner Meinung verhängnisvolle Wege beschritten. Mit den Massen war er, was deren gerechte Ansprüche betrifft, solidarisch, doch wollte er sie nicht führen, noch von ihnen geführt werden.

Gaston Leval verlebte eine unsagbar schwere Kindheit, von der sein erschütterndes Buch *L'enfance en croix* Zeugnis gibt. Ein nicht so sehr materielles als moralisches Elend formte seine Persönlichkeit. Nur ein eiserner Widerstandswillen konnte ihn vor dem Untergang retten. So wurde Gaston Leval Anarchist.

Beim Ausbruch des Ersten Weltkriegs flüchtete er in jugendlichem Alter nach Spanien, um nicht Soldat werden zu müssen. Hier kam er schnell in Kontakt mit der breiten anarcho-syndikalistischen Bewegung, beteiligte sich an ihren Kämpfen, zuerst als Lernender, später als Lehrender. Als Autodidakt erarbeitete er sich seine Bildung, die ihm erlaubte, in Gewerkschaftsgruppen und Atheneos kulturelle und ökonomische Vorträge zu halten und Artikel für *Estudios*, eine libertäre Valencianer Zeitschrift von hohem Niveau, zu schreiben. Die spanischen Genossen, deren Vertrauen sich der Franzose erworben hatte, schickten ihn auf einen Kongreß der kommunistischen Gewerkschaftsinternationale nach Moskau.

Der Bericht, den der Heimgekehrte über das Diktaturregime Lenins abgab, war neben einem analogen Bericht Angel Pestañas der Grund dafür, daß die spanische anarcho-syndikalistische Bewegung mit der von Moskau gesteuerten Gewerkschaftsinternationale brach.

Die Diktatur Primo de Riveras trieb Leval 1924 über den Ozean nach Argentinien, wo er bei der damals mächtigen freiheitlichen Arbeiterbewegung dieses Landes ein Betätigungsfeld und eine neue Heimat fand, mit der er zeitlebens verbunden bleiben sollte. 1936 brach in Spanien als Antwort auf den Putsch der Generäle die Revolution aus. Gaston Leval durfte es erleben, daß die Arbeit, an der er selbst aktiven Anteil genommen hatte, Früchte trug und spanische Bauern und Arbeiter spontan daran gingen, die Idee einer föderativ-sozialistischen Gesellschaft in die Tat umzusetzen. Über den sozialen und wirtschaftlichen Aspekt dieser Revolution, deren aktiver Teilnehmer und Zeuge er war, hat Gaston Leval später das eindrucksvolle Buch *Das libertäre Spanien. Das konstruktive Werk der spanischen Revolution* geschrieben. Als die Revolution an der rechten und linken Gegenrevolution und ihren eigenen Unzulänglichkeiten gescheitert war, floh Leval nach Frankreich. Doch mußte er in seinem Vaterland seine Identität verbergen, zuerst als ehemaliger Refraktär vor den Behörden der Republik und dann unter der deutschen Besatzung vor den Nazis als

Antifaschist. Unter den schwierigsten Bedingungen überlebte er den Zweiten Weltkrieg. 1945 nahm er seine Aktivitäten im Dienste der libertären Bewegung wieder auf. Doch folgte er nicht der Heerstraße des „offiziellen“ französischen Anarchismus, sondern ging eigene Wege. Die für seinen kritischen Geist allzu leichtfertige Propaganda der *Anarchistischen Föderation* sagte ihm nicht zu. Nicht spurlos waren Revolution, Reaktion und Krieg an ihm vorübergegangen. An eine bevorstehende totale Umwälzung glaubte er nicht. Eine bewaffnete Auseinandersetzung, so meinte er, würde beim Fehlen geistiger Voraussetzungen zur Freiheit nur einer Diktatur das Feld ebnen. Er empfahl darum ein zugleich sozial-konstruktives und pädagogisches schrittweises Vorgehen.

Während der stürmischen Maitage des Jahres 1968 begab sich Gaston Leval öfters in das von den aufrührerischen Studenten beherrschte Quartier Latin. Er tat dies nicht, um sich, wie er sagte, dem „Zirkus Cohn-Bendits“ anzuschließen, sondern um mit den aufgewühlten Jugendlichen über reale Möglichkeiten sozialer und kultureller Neuerungen zu diskutieren.

Gaston Leval war ein gründlicher Kenner und Verehrer Michael Bakunins, über dessen konstruktive Ideen er ein Buch schrieb, das eine wenig bekannte Seite des Russen ans Licht stellt. Relativ spät entdeckte er Pierre Joseph Proudhon, dessen evolutionistischer Konzeption er sich mehr und mehr annäherte.

Von unentwegten Traditionalisten der Bewegung wurde er des Revisionismus bezichtigt. Doch zeigt Levals entschiedene Stellungnahme gegen den von Daniel Guérin vertretenen sogenannten *Anarchomarxismus*, daß er zwar neue Wege suchte, aber dem in liberaler Überlieferung verwurzelten Geist des antiautoritären Sozialismus treu geblieben ist.

PFADE IN UTOPIA

Am 3. Februar 1942 schrieb Martin Buber aus Jerusalem an Leonhard Ragaz: „...gegenwärtig arbeite ich, nachdem ich eine Schrift über den besonderen Zusammenhang zwischen Volk und Land in Israel (von der Bibel bis auf unsere Tage) abgeschlossen habe, an einer Abhandlung über den inneren (nicht geschichtlichen) Zusammenhang zwischen dem sogenannten utopischen Sozialismus vom Beginn des 19. Jahrhunderts bis auf Landauer und dem, was an sozialistischer Wirklichkeit im Lande Israel entstanden ist. Es haben sich mir merkwürdige Dinge ergeben, zum Beispiel über Proudhon, aber auch über Marx."

Die Schrift, auf die hier angespielt wird, erschien unter dem Titel *Pfade in Utopia* 1947 in Tel Aviv auf Hebräisch, 1950 in Heidelberg auf Deutsch. 1967 wurde sie unter dem, wie mir scheint, irreführenden Titel *Der utopische Sozialismus* neu herausgegeben.

Es handelt sich um eine späte Frucht von Martin Bubers enger Freundschaft mit Gustav Landauer, der schon 1919 ermordet wurde.

Das Buch ist nicht nur eine substanzreiche Darstellung der sozialistischen Idee, um die keiner, der sich ernsthaft um diese bemüht, herumgehen sollte, sondern auch ein entschiedenes Bekenntnis zu einem freiheitlichen und föderalistischen Sozialismus in der Nachfolge Proudhons, Kropotkins und Landauers. Im Sinne seines früh verstorbenen Freundes führt Buber dessen Idee weiter mit einer Kritik an Lenins Verfälschung der Räteidee in ihrer Anwendung als bloßes taktisches Mittel zur Eroberung der Macht der Partei und einer Würdigung der palästinensischen Kibbuz-Bewegung als eines Ansatzes zur Verwirklichung von authentischem Sozialismus.

In der 1972 erschienenen Sammlung von Martin Bubers Briefwechsel von sieben Jahrzehnten erscheint Gustav Landauer als einer der weniger Briefpartner (später war es Franz Rosenzweig), mit dem Buber nicht nur ein enges persönliches Verhältnis, sondern auch ein solches geistiger Ebenbürtigkeit verband.

Was Buber mit dem religiösen Sozialisten Leonhard Ragaz verband, war unter anderem die gemeinsame Erinnerung an den freiheitlichen Sozialisten Gustav Landauer. Landauer, Buber und Ragaz fällt das Verdienst zu, das marxistischer und anarchistischer Tradition gemeinsame materialistische Dogma durchbrochen und die sozialistische Idee auf eine geistig tragfähigere und damit auch realere Ebene gestellt zu haben.

Wenn es in Zukunft noch oder wieder Sozialismus geben wird, so wird er nur hier seinen Ausgangspunkt haben können.

Merkwürdig ist, daß in den zahlreichen Publikationen, die anläßlich des hundertsten Geburtstages von Martin Buber erschienen, dessen föderalistischer Sozialismus wenig Erwähnung findet. Auch in der 1968 erschienenen Rowohlt Monographie ist weder der Titel *Pfade in Utopia* noch der Name Gustav Landauers verzeichnet. Doch sind weder Bubers religionsphilosophische Gedanken noch die besondere Art seines Zionismus verständlich, wenn man seine Versuche zur sozialen Konkretisierung des Gedachten beiseite läßt.

Ebenso verkehrt wäre es jedoch, Buber als Sozialisten würdigen zu wollen, ohne einen Blick auf sein religiöses und philosophisches Denken zu werfen. Der Titel *Pfade in Utopia* scheint mir nicht nur sein sozialistisches, sondern sein ganzes – auch sein religionsphilosophisches und sein zionistisches – Bewußtsein zu charakterisieren.

Sein philosophisches Bewußtsein ist das einer immanenten Transzendenz. Das will sagen: Das Reich Gottes, in dem Freiheit und Gerechtigkeit herrschen, ist nicht von dieser Welt. Aber es ist von dieser Welt auch nicht durch einen unübersehbaren Graben getrennt. Ein Verbindungsglied ist das Land Utopia, das nicht in sicheren Besitz genommen, sondern nur auf immer wieder neu zu findenden Pfaden beschritten werden kann.

Am Anfang von Bubers philosophischem Weg stand mystisches Erleben. *Ekstatische Konfessionen* heißt eine seiner frühen Schriften, eine Anthologie von Zeugnissen fernöstlicher, gnostischer, christlicher und jüdischer Mystiker. „Das, was in der Ekstase erlebt wird", schreibt Buber in der Einleitung, „ist die Einheit des Ich. Aber um als Einheit erlebt zu werden, muß das Ich eine Einheit geworden sein. Nur der vollkommen Geeinte kann Einheit empfangen. Nun ist er kein Bündel mehr, er ist Feuer. Nun sind der Inhalt seiner Erfahrung und das Subjekt seiner Erfahrung, nun sind Welt und Ich zusammengeflossen..."

Später hat sich Buber von dieser ekstatischen Mystik brüsk abgewandt. Er weigerte sich, seine *Ekstatischen Konfessionen* neu herauszugeben. Doch setzt des reifen Bubers „dialogisches" Denken seine frühen Erlebnisse voraus. Er kehrt nicht hinter diese zurück, sondern geht über sie hinaus, sie zurücklassend.

Das nach innen gerichtete Wesen muß sich, um nicht in egozentrischer Sterilität zu erstarren, wieder nach außen kehren, sich dem anderen, dem, was nicht Ich ist, zuwenden, sozial werden.

Als die große Gefahr, in der sich jeder Ekstatiker befindet, erkannte der spätere Buber die Verwechslung des mit sich geeinten Ich mit dem Sein. Das mit sich geeinte Ich glaubt mit dem All identisch zu sein. Doch gibt es in mir selbst kein Kriterium, an dem ich das von mir in mir Erlebte an einem Objektiven messen könnte...

Es handelt sich um eine Illusion, die mich, wenn sie nicht durch das Erleben des anderen, von mir in seinem Kern unerreichbaren, durchschaut wird, von der Wahrheit absperrt.

Seine Wendung bringt Martin Buber mit folgendem persönlichen Erlebnis in Zusammenhang: Nach einem jener Momente innerlicher, verzückter Erleuchtung erhielt er den Besuch eines jungen Menschen. Unwillig über die unwillkommene Unterbrechung unterhielt er sich mit seinem Besucher zwar freundlich, erkannte aber nicht, was der Mensch unausgesprochen von ihm wollte. Später erfuhr er, daß sich sein Besucher kurz darauf das Leben genommen hatte. Jetzt erschien ihm seine ekstatische Erleuchtung als nichts denn ein unwahrer Rauschzustand.

Liest man heute diesen Passus, so denkt man unwillkürlich an die von manchen so überschätzten Drogenzustände.

Mir scheint es aber auch kein Zufall zu sein, daß sich Martin Bubers Wendung in der Zeit um den ersten Weltkrieg vollzogen hat.

Der Feind aller echten Mystik ist die in politische Zweckmystik mündende Mystifizierung von Unangemessenem. Eine solche grassierte in jenen Tagen – nicht nur in Deutschland – wie eine ansteckende Krankheit. Auch Martin Bubers geistiges Bewußtsein verfiel damals einer Trübung, die sein Freund Gustav Landauer dazu veranlaßte, von einem „Kriegsbuber“ zu reden.

Dieser Krankheit verfiel ein großer Teil der Jugendstilmystiker, so wie ihr hundert Jahre früher ein Teil der Romantiker verfallen war.

Manche endeten später im Nationalsozialismus.

An seiner inneren Krise, die zur „dialogischen“ Klärung seines Denkens führte, waren auch die Erschütterungen der Nachkriegszeit beteiligt. Sie war verbunden mit dem gewaltsamen Tod Gustav Landauers, in dessen Persönlichkeit die Idee bereits vorhanden war, philosophisch aber nicht mehr ausreifen konnte.

Wie ist nun aber die Beziehung zum anderen, von mir in seinem Kern unerreichbaren überhaupt möglich?

Buber deutet den von ihm beschrittenen Weg mit folgenden Begriffen an: Aufgeschlossenheit, d. h. Öffnung meines Wesens für das andere, mir fremde; Verantwortung, wörtlich als Rede und Gegenrede und zugleich als moralische Verantwortung gegenüber einer Instanz, die mich angeht, die ich aber nicht bin; Dialog, zwischenmenschlich als Realität von Ich und Du und theologisch als Rede mit dem unerreichbar Absoluten.

Wesentlich ist Buber jetzt nicht mehr der Ausnahmezustand der Ekstase, obwohl dieser immer noch irgendwie im Hintergrund seines Denkens steht, sondern die Zuwendung zum anderen im täglichen Leben.

In einem doppelten Verhältnis stehe ich zum anderen.

Buber unterscheidet die Ich-Es-Beziehung und die Ich-Du-Beziehung.

Nur die zweite ist als eigentliche Beziehung anzusprechen.

In der Ich-Es-Beziehung zu Menschen, Tieren und Dingen stehe ich als Betrachter, analytischer Beobachter und Konsument.

Das Es, ob Person oder Sache, bleibt als Objekt von mir getrennt, mir gegenüber, außerhalb meiner. Ich bleibe allein und der Gegenstand meiner Betrachtung, mag diese praktisch, wissenschaftlich oder ästhetisch sein, isoliert.

Hier herrscht der Kantsche Dualismus der Erscheinungen, die Jaspersche Subjekt-Objekt-Spaltung. Hier wurzelt die Verzweiflung von Goethes Faust: „Welch Schauspiel! Aber ach ein Schauspiel nur!..."

Dagegen verwandelt die Ich-Du-Beziehung beide Seiten. Aus Subjekt und Objekt wird etwas anderes. Es sind immer noch zwei, aber es sind Partner, die zueinander in eigentlicher, existentieller Beziehung stehen. Damit wird die Subjekt-Objekt-Spaltung nicht wie in der ekstatischen Mystik eliminiert. Sie wird aber degradiert, aus einem herrschenden Lebensgesetz zu einem bloßen Aspekt unserer Existenz reduziert.

Als Ich-Es stehe ich zu einer Pflanze als Gemüsegärtner oder Botaniker, zu einem Menschen als Biologe, Psychologe, Soziologe oder Politiker. Dieses Verhältnis erlaubt mir, allgemein gültige Gesetze aufzustellen, die im Bereich „objektiver" Erscheinungswelt Geltung haben.

Als Ich-Du erlebe ich Stein, Pflanze, Tier oder Mensch jedesmal als einmalig und auf eine Weise, wie nur ich und niemand anders sie erleben kann. Diese eigentliche und reale Beziehung geht nur mich und das entsprechende Du etwas an. Kein allgemeines, für andere gültiges Gesetz läßt sich aus ihr ableiten. Doch erlaubt die umfassende Wirklichkeit der Ich-Du-Beziehung allein, die in einem begrenzten Bereich gültigen Resultate der Wissenschaften für das Leben fruchtbar zu machen.

Mit dieser Abgrenzung gegen die reine Mystik einerseits und „positivistischer" Wissenschaftsgläubigkeit andererseits reiht sich Martin Buber unter die Existenzphilosophen ein.

Trotz wesentlicher Unterschiede ist sein Denken verwandt mit dem Nikolai Berdjajews. Im Gegensatz zum christlichen Russen lehnte der deutsche Jude jede Gnosis (gedankliche Beschäftigung mit dem inneren Wesen der Gottheit) mit manchmal ungerechter Schroffheit ab. Im Gegensatz zu ihm knüpft er in seiner sozialen Konkretisierung nicht bei Marx, sondern bei dessen anarchistischen Gegnern an.

Doch ist Bubers Unterscheidung von Ich-Es und Ich-Du mit dem Berdjajewschen Dualismus von objektiviertem und existentiellem Sein nahezu identisch.

Trotz eines Unterschieds der Temperamente (Buber ist Jaspers zu prophetisch – Jaspers ist Buber zu rational) sind die Denkweisen von Martin Buber und Karl Jaspers nahe verwandt. Bubers „Dialog" steht der „Kommunikation" bei Jaspers sehr nahe. Ein philosophischer Berührungspunkt war die Bemerkung Karl Jaspers', der Märtyrertod Giordano Brunos einerseits und der Rückzug Galileo Galileis andererseits illustriere die Tatsache, daß es sich nicht lohne, für eine beweisbare Wahrheit zu sterben, wohl aber für eine unbeweisbare.

Albert Casmus' „Homme révolté" schätzte der gottgläubige deutsche Jude hoch ein, ebenso wie der atheistische Franzose Bubers „Ich und Du". Vielleicht erhellt das Wesen dieser Verwandtschaft aus dem Sachverhalt, daß man den „Homme révolté" ohne weiteres mit dem Titel „Pfade in Utopia" versehen könnte.

Doch ist Martin Buber nicht verständlich, wenn man in ihm nicht den in hebräischer und jiddischer Tradition wurzelnden Juden sieht. Seine im osteuropäischen Judentum wurzelnde Geistesart befand sich zeit seines Lebens in ebenso tragischer wie schöpferischer Spannung zu zentral- und westeuropäischer, christlicher und humanistischer Bildung. Neben Moses, Elias und dem Balschemtow steht bei ihm unverkennbar auch Jesus, aber auch Lessing, Goethe und Novalis (was ihm manche traditionalistischen Juden verübeln). In der Bibel fand er, was ihm die höchste dem Menschen erreichbare Wirklichkeit bedeutete, die dialogische Beziehung, das Rede- und Antwort-Verhältnis zwischen Mensch und Gott und zwischen Mensch und Mensch. So interpretierte er den Chassidismus, die Lehre vom gleichzeitig transzendenten und der Welt immanenten, mit den Menschen in direkte Berührung tretenden Gott, wie er von osteuropäischen Juden im 18. Jahrhundert gepredigt und gelebt wurde.

Diese jüdische Mystik, so meint er, unterscheide sich von der monologischen nach individueller Vereinigung mit der Gottheit strebenden Mystik des fernen Ostens durch das ihr anhaftende Dialogische und Soziale. Ziel sei hier die Vereinigung mit dem anderen unter Anerkennung seines Andersseins und Festhalten meines Selbstseins.

Der Historiker der Kabbala, Gershon Scholem, hat diese Bubersche Interpretation des Chassidismus wahrscheinlich nicht zu Unrecht als subjektiv und einseitig kritisiert. Scholem bezeichnet Bubers Betrachtungsweise des Religiösen als „anarchistisch“. Ebensogut könnte man „taoistisch“ sagen. Näher als die individualistische Mystik der Inder lag ihm die dem Sozialen zugewandte Geistigkeit der Chinesen. Und innerhalb dieses Kreises liebte er nicht den reglementierenden und hierarchisierenden Konfutse, sondern seinen Antipoden Laotse, der sich hoch über die Wolken der den Blick ins Unendliche verdeckenden menschlichen Satzungen erhob.

Die jüdische Thora war für Buber kein Buch des Gesetzes, sondern ein Buch der „Weisung“. Vom Judentum war er bis ins Innerste durchdrungen, doch befolgte er nur, was ihn berührte. In einem Brief umschreibt er diese Position folgermaßen: „...nichts in mir treibt mich dazu, genau und im einzelnen zu befolgen, was das Religionsgesetz erlaubt oder nicht. In bestimmten Augenblicken, die zum Teil ziemlich regelmäßig kommen, habe ich das Bedürfnis zu beten, und dann bete ich natürlich allein und sage, was ich möchte, das eine Mal ganz ohne Worte, und ein ander Mal hilft mir ein erinnerter Vers in einer außergewöhnlichen Situation. Aber es hat Tage gegeben, an denen ich mich dazu gedrängt fühlte, an dem Gebet einer Gemeinde teilzunehmen, und dann tat ich es. Das ist meine Art zu leben, und wenn man will, kann man es religiöse Anarchie nennen..."

Zur Bezeichnung seiner sozialen Zielsetzung lehnte Buber den Begriff des Anarchismus jedoch ab. Politisches und auch gewaltsames Handeln schien ihm aus dem Leben der Menschen nicht gänzlich eliminiert werden zu können. „Der Begriff des Anarchismus sagt mir nicht zu, weil er auf eine Aufhebung des Machtverhältnisses, die unmöglich ist, solange der Mensch ist wie er ist, hindeutet, statt auf eine jeweilige, möglichst weitgehende Abgrenzung und Beschränkung dieses Verhältnisses."

Auch Kropotkin, so meint er, habe eine politische Struktur des von ihm gewollten dezentralisierten und föderalistischen Sozialismus für notwendig gehalten.

Von diesem Russen zitiert er den Satz: „...der Sozialismus wird seine eigene Form von politischen Bezügen finden müssen... Er wird weniger von Vertretungen abhängen müssen, wird mehr Selfgovernment werden müssen." Und fügt selbst bei: „Wir sehen hier besonders deutlich, daß Kropotkin letztlich nicht die Staatsordnung an sich, sondern nur die gegenwärtige in allen Formen bekämpft, daß seine 'Anarchie', wie die Proudhons, in Wahrheit Akratie ist, nicht Regierungslosigkeit, sondern Herrschaftslosigkeit."

In seiner Absage an ein von Moskau inspiriertes „Friedenskomitee" bezeichnet Buber im Jahre 1950 seinen eigenen politischen Standpunkt wie folgt: „Ich habe mich bisher geweigert und werde mich auch weiterhin weigern, mich in Theorie und Praxis einem der beiden Lager anzuschließen, in die die Menschheit anscheinend eingeteilt ist. Der Grund für meine Weigerung liegt darin, daß ich die furchtbare Gefahr sehe, die von beiden Seiten der einfachen sozialistischen Wahrheit droht, und mein Gewissen, an das Sie appellieren, sagt heute wie eh und je: 'Zelach*... An Führerschaft war mir nie gelegen, aber

* Das erste Wort des Verses von Psalm 45/5, den Buber übersetzt: „Dringe durch! Reite für die Sache der Treue, der gebeugten Wahrhaftigkeit, und im Furchtgebietenden unterweise dich deine Rechte!"

auch in einem 'Elfenbeinturm' von Idealen bin ich nie gesessen. Seit genau fünfzig Jahren bin ich der treue Knecht eines freien und genossenschaftlichen Sozialismus, der ganz und gar auf die Wirklichkeit und die Verwirklichung ausgerichtet ist und jetzt von hüben und drüben bedrängt wird. Ich werde auf jeden Fall nicht zum Verräter an ihm werden."

In *Pfade in Utopia* sagt Buber an einer Stelle, daß die verschiedenen Formen des von Marx und Engels herabsetzend als „utopisch" bezeichneten Sozialismus einen prophetischen Charakter trügen, der sogenannte wissenschaftliche Sozialismus des Marxismus hingegen apokalyptische Züge.

Deutlich ist hier eine Parallele zu Martin Bubers Unterscheidung zwischen zwei religiösen Glaubenshaltungen, die er in seiner Schrift *Zwei Glaubensweisen* dargelegt hat.

Die Paradiesverheißung der Propheten, zu denen Buber auch Jesus von Nazareth zählt, appelliert an einen Glauben, der sich zwar als beschränkt und zeitweiligen Schwächen unterworfen, aber dennoch als für das Gute und von Gott gewollte wirksam und schöpferisch verstand. Nicht unabhängig von Einsicht, Willen und Tat des Menschen konnte das Reich des Friedens und der Gerechtigkeit aufgerichtet werden.

Es ist nicht Glaube an die Wahrheit einer Lehre, sondern Vertrauen in eine Verheißung, die nicht ohne den Einsatz eigener Kraft Wirklichkeit werden kann.

Dagegen fordert das von Paulus inaugurierte Christentum einen völlig anderen Glauben. Dieser setzt die gänzliche Verworfenheit und Nichtigkeit des Menschen voraus und beinhaltet ein Fürwahrhalten eines gleichsam von außen hereinbrechenden Erlösungsvorgangs.

Ebenso baut der von Proudhon, Kropotkin und Landauer propagierte „utopische" Sozialismus auf Einsicht, Willen und Tat der Menschen, während der geschichtsgläubige „wissenschaftliche" Sozialismus von Marx und seinen Nachfolgern an eine gleichsam von außen hereinbrechende Erlösung glaubt.

Der eine Sozialismus ist freiheitlich, insofern er Sache freier Entscheidung des einzelnen ist. Der andere ist autoritär, insofern er Sache einer mit höchster Autorität ausgestatteten Körperschaft ist, welche die für den einzelnen nicht einsehbare Glaubenswahrheit gleichsam repräsentiert.

„Ich sehe keine Rettung", schreibt Buber, „keine wahrhafte Hilfe, die nicht von der Person kommt. Was Sie für 'Handeln' halten, ist nur Theorie des Handelns (so wie die Philosophie von Karl Marx) und wird niemals wirkliches Tun und wirkliche Handlung. Was auf sozialem Gebiet getan wurde, ist aus persönlicher Beziehung getan worden, aus dem 'die Menge entmengen'."

Die Parteinahme Bubers für Dezentralisation und Föderalismus, die auch von marxistisch infizierten „religiösen Sozialisten" als utopisch apostrophiert wurde, ergibt sich aus seiner philosophischen Einsicht in das Ich und das andere, die in eine Ich-Du-Beziehung treten, sich aber, ohne einen Selbstbetrug zu begehen, nicht „mystisch" mteinander verschmelzen können. So ergab sich aus seiner Existentialphilosophie eine geistige Vertiefung von Proudhons Mutualismus (Prinzip der Gegenseitigkeit) und der „gegenseitigen Hilfe", die Kropotkin wissenschaftlich begründen zu können glaubte.

Buber, wie übrigens auch Landauer, hielt die Verwirklichung der reinen Anarchie „solange der Mensch ist wie er ist" für unmöglich. Doch war er im Gegensatz zu Bertrand Russell, der die Macht als „den Grundbegriff der Sozialwissenschaft" bezeichnete, von der historischen und gegenwärtigen Existenz einer neben und gegen den Staat wirkenden, aus freien Gemeinsamkeiten und Gemeinschaften bestehenden „Gesellschaft" überzeugt.

Die größtmögliche Erweiterung des Wirkungsbereichs und der Kompetenz der freiwilligen Gesellschaft auf Kosten des auf Macht und Gewalt beruhenden Staates hielt er für die Aufgabe der Sozialisten.

Als ein „nicht gescheitertes Experiment" in dieser Richtung sah er die israelische Kibbuzbewegung.

Trotz seiner Vorbehalte in bezug auf politische und soziale Entwicklung in Israel konnte er den hoffnungsvollen Satz schreiben: „Es geht um Entscheidung über die Grundlage: Rekonstruierung der Gesellschaft als Bund der Bünde und Reduktion des Staates auf die Einheitsfunktion oder Resorption der amorphen Gesellschaft auf den allmächtigen Staat, sozialistischer Pluralismus oder 'sozialistischer' Unitarismus, die rechte, täglich von den wechselnden Bedingungen aus neu überprüfte Proportion zwischen Gruppenfreiheit und Gesamtheitsordnung oder die absolute Ordnung, auferlegt auf unbestimmte Zeit um einer angeblich darnach 'von selber' kommenden Ära der Freiheit willen. Solange Rußland nicht selbst eine wesenhafte innere Umgestaltung erfahren hat – und wir können heute noch nicht ahnen, wann und wie das geschehen wird –, haben wir den einen der beiden Pole, zwischen denen dann die Wahl zu treffen ist, mit dem gewaltigen Namen Moskau zu bezeichnen. Den anderen Pol wage ich trotz allem 'Jerusalem' zu nennen."

Bubers Zionismus ist mit seinem Sozialismus eng verbunden, fast könnte man sagen identisch.

Er gehörte zu den ersten zionistischen Pionieren der Jahrhundertwende. Sein Verhältnis zu dieser Bewegung schwankte im Laufe der Jahrzehnte zwischen aktiver Mitarbeit und kritischer Distanz.

Näher als dem politisch-diplomatischen Zionismus Theodor Herzls stand er dem osteuropäischen Siedlungszionismus. Seine Nähe und Ferne zu Theodor Herzl kann man folgendermaßen umschreiben: Beide sahen in der Besiedlung Palästinas einen Ausweg aus der hoffnungslosen Situation des Judentums zwischen Gettodasein und trügerischer Assimilation.

Für Herzl bedeutete Palästina eine schützende Zuflucht vor periodischen Verfolgungen und die Möglichkeit des auf der Welt zerstreuten Judentums, eine rechtsstaatlich geschützte Nation wie alle anderen Nationen zu werden.

Für Buber bedeutete Erez Israel weit mehr, nämlich ein sozialistischer Neubeginn im Sinne altjüdischer prophetischer Verheißung, ein Pfad in Utopia, jenem Reich zwischen dem Reich des Cäsar und dem Reich Gottes.

Mit dem russischen Zionisten Chaim Weizmann stand

Martin Buber in der vordersten Reihe derer, die sich für die Errichtung einer hebräischen Universität auf dem Skopusberg über Jerusalem einsetzten. Buber schwebte dabei nicht eine Anstalt nach europäischem Muster zur Ausbildung einer Klasse von Akademikern vor, sondern eine von einem kulturellen Neubeginn getragene und diesen befruchtende Volkshochschule. Seine Zielvorstellung war Jerusalem nicht als Hauptstadt eines jüdischen Staates, sondern als geistiges Zentrum sowohl des palästinensischen, als auch des auf der Welt zerstreuten Judentums mit einer indirekten Ausstrahlung auf alle anderen Völker. Diese Aufgabe schien ihm allerdings nicht durchführbar ohne gleichzeitige Urbarmachung und Besiedlung palästinensischer Steppen und Wüsten.

Die sich in Abstraktionen verlierende jüdische Idee konnte nach seiner Überzeugung nur wieder fruchtbar gemacht werden dadurch, daß sie wieder realen Erdboden unter die Füße bekam.

Man könnte versucht sein, diesen Zionismus mit einer nationalistischen „Blut- und Boden"theorie gleichzusetzen. Doch handelt es sich um etwas anderes, ja Entgegengesetztes. Will man es „Geist und Boden" nennen, so hätte Martin Buber sicher nichts dagegen einzuwenden, wohl auch nicht gegen das Anklingen dieser Formel an das „Tierra y libertad" spanischer Anarchisten.

Schon auf frühen zionistischen Kongressen bemühte sich Martin Buber um eine Zusammenarbeit mit der arabischen Bevölkerung Palästinas. (Dasselbe tat auch Nahum Goldman.) Wie übrigens auch Theodor Herzl wollte Buber keinen rein jüdischen, sondern einen jüdisch-arabischen Staat. Dieses Ziel verfolgte er bis zu jener verhängnisvollen Teilung Palästinas im Jahre 1948. Die Mission Israels verstand er unter anderem als die eines Verbindungsgliedes zwischen westlicher und orientalischer Geisteskultur. Das neue Israel sollte nicht ein Schlachtfeld, sondern eine Brücke zwischen Ost und West werden.

Die Idee scheiterte vorläufig nicht nur an einem sich gleichzeitig und parallel entwickelnden politischen Nationalismus von Arabern und Juden, sondern auch an der Haltung gewisser Großmächte, die nach dem Prinzip des „divide et impera" die einen gegen die anderen ausspielten.

Nach der Gründung des Staates Israel setzte sich Buber bis zu seinem Tod mit einer Schar Gleichgesinnter unermüdlich für eine menschliche Verständigung mit den Arabern und der Schaffung einer israelisch-arabischen Förderation ein.

Zu Unrecht aber würden sich heutige antizionistische Kreise auf Martin Bubers Opposition zum offiziellen politischen Zionismus berufen.

Dies dokumentiert ein Brief aus dem Jahre 1962:

„Zu meinem Bedauern kann ich Ihren Wunsch nicht erfüllen. Würde ich für Ihre Zeitschrift Artikel schreiben...so hieße das, daß ich meinen Standpunkt zu den großen Problemen des Zionismus in gewisser Hinsicht mit dem Ihrigen identifiziere. Aber in Wahrheit sind die beiden sehr weit voneinander entfernt. Unsere – mit 'wir' meine ich den Ischud* – Kritik an der Araberpolitik der israelischen Regierung kommt von innen, die Ihre von außen her. Unser Programm der jüdisch-arabischen Zusammenarbeit steht hinter dem, was offiziell Zionismus genannt wird, nicht zurück, es ist vielmehr ein größerer Zionismus. Wir möchten das jüdische Volk dazu bringen, daß es diesen größeren Zionismus versteht und sich zu eigen macht."

Man hat dieser Haltung Martin Bubers und seiner Freunde den Namen eines „Kulturzionismus" gegeben. Dieses Wort kann aber im Sinne eines dem europäischen Kulturbegriff anhaftenden ästhetisierenden Intellektualismus mißverstanden werden. Jüdische Kultur war ihm unabdingbar mit der Schaffung sozialer Gerechtigkeit verbunden, wie folgendes Zitat aus einem Brief, den Buber im Jahre 1959 angesichts der damaligen parteipolitischen Zersplitterung der Kibbuzbewegung schrieb, bezeugt: „Früher hatte die Kibbuzbewegung einen indirekten Einfluß auf das menschliche Zusammenleben in der

---

*Die zionistische Vereinigung, in deren Rahmen Buber für die Verständigung mit den Arabern wirkte.

Stadt und in den Landsiedlungen und gleichzeitig einen gewaltigen direkten Einfluß auf die Herzen der Jugendlichen in der Diaspora. Dieser zweite Einfluß geht heute weniger tief, während der erste ganz verschwunden ist.

Ich bin weit davon entfernt, die Menschen des Kibbuz dafür verantwortlich zu machen. Ich kenne sehr wohl den Anteil der Politisierung unseres Lebens sowie die wachsende Abhängigkeit vom Weltmarkt usw. Nichtsdestoweniger besteht die Tatsache, daß ich früher die Macht des sich verwirklichenden Geistes gespürt habe und heute nicht mehr. Glauben Sie aber nicht, daß ich verzweifelt bin, denn ich setze meine Hoffnung auf eine neuartige Unzufriedenheit, auf eine innere Wandlung, auf eine Erneuerung der Kibbuzbewegung, denn ohne eine solche Wandlung werden wir ein Volk wie alle Völker werden, auch wenn wir die höchste Kulturstufe erreichen."

Zu diesem „größeren" Zionismus meinte vor ein paar Jahren ein Durchschnittsisraeli, Martin Buber habe sehr schöne Ideen gehabt, aber von schönen Ideen könne man nicht leben. Angesichts der Opfer, die das jüdische Volk hinter sich hat, ist eine solche Einstellung mehr als verständlich. Und doch scheint es mir, daß die politischen Entwicklungen – nicht nur im nahen Osten – mehr und mehr deutlich machen, daß Pfade in Utopia letztlich gangbarer sind als die Sackgassen, in die uns ein scheinbarer Realismus geführt hat.

UTOPIE UND TECHNIK

Werte Anwesende,

ich weiß nicht, ob es fliegende Untertassen gibt. Diese Frage ist für das Thema, das uns heute Abend beschäftigen soll, auch nicht von Belang. Doch möchte ich sie zu einem Vergleich heranziehen, der mir zur Einführung nützlich scheint.

Ob sie nun auf Realität oder auf bloßer Einbildung beruhen, so sind fliegende Untertassen Apparate, die von einem wissenschaftlichen Erkennen und einem technischen Können zeugen, welches dasjenige, das von der irdischen Menschheit bis heute erreicht wurde, weit übersteigt. Sie kommen von irgendwo her, aus einer uns unzugänglichen und unerkennbaren Welt. Für die Menschen, die sie gesehen haben oder die den Berichten derjenigen, die sie gesehen haben, Glauben schenken, bedeuten sie Angst vor dem Unbekannten, aber gleichzeitig Hoffnung auf eine eines Tages eintretende Erlösung von den Widersprüchen, der Beschränkung und den Leiden des irdischen Lebens.

Diese Funktion hatten früher die Engel.

Die unendliche Distanz zwischen Himmel und Erde, Gott und Mensch, zwischen dem Absoluten und dem Relativen etc. wurde, als jüdische und christliche Mythologien noch lebendig waren, von geflügelten, gleichzeitig geistigen und materiellen, transzendent-immanenten Wesen überbrückt. Diese waren die Boten aus einer anderen Welt, die der Mensch braucht, um es in der irdischen Enge aushalten zu können. Die Engel wurden gleichzeitig als geistig und raumlos und als körperlich-räumlich vorgestellt, was aus der bekannten scholastischen Diskussion, wie viele wohl auf einer Nadelspitze Platz hätten, erhellt. Solche Dinge können die meisten Menschen von heute höchstens unter Drogeneinfluß erleben. An ihre Stelle ist ein ebenso phantastischer Glaube an unendliche Möglichkeiten von Wissenschaft und Technik getreten.

Sie werden den Zusammenhang dieses kleinen Exkurses mit unserem Thema erraten haben.

Am Anfang der sozialistischen Idee steht eschatologischer Glaube, die messianische Hoffnung auf ein anbrechendes Gottesreich, in dem Friede und Gerechtigkeit herrschen, am Ende Glaube an Wissenschaft und Vervollkommnung der Produktion, die die Realisierung dieses Reiches ohne Mithilfe überirdischer Mächte ermöglicht.

Die Geschichte der sozialistischen Idee unter diesem Gesichtspunkt zu betrachten, wäre die Aufgabe einer sehr aufwendigen Dissertation. Eine solche können Sie von mir nicht erwarten. Ich will lediglich versuchen, mit ein paar Beispielen, die ich etwas zufällig zusammengekramt habe, das Problem geschichtlich zu erhellen in der Hoffnung, daß die Diskussion über unsere gegenwärtige Lage dadurch bereichert werden kann.

Die meisten lassen die Geschichte des Sozialismus mit Platos Staat beginnen. Doch befaßte sich der griechische Philosoph allein mit der kriegerischen Oberschicht seines konstruierten Staates. Den gewöhnlichen Bürger und seine materiellen und geistigen Probleme ließ er als zweitrangig im dunkeln.

Die Wurzel des Sozialismus ist vielmehr in der prophetischen Tradition des Judentums zu finden. Am eindrücklichsten und nachhaltigsten wurde sie als Vision von Jesaja verkündet: „Denn von Zion wird das Gesetz ausgehen und des Herrn Wort von Jerusalem – dann werden sie ihre Schwerter zu Pflugscharen und ihre Spieße zu Sicheln machen. Denn es wird kein Volk wider das andere ein Schwert aufheben und werden hinfort nicht mehr kriegen lernen…“ Und weiter unten: „Die Wölfe werden bei den Lämmern wohnen und die Parder bei den Böken liegen. Ein kleiner Knabe wird Kälber und junge Löwen und Mastvieh miteinander treiben. Kühe und Bären werden auf die Wiese gehen, daß ihre Jungen beieinander liegen, und Löwen werden Stroh essen wie die Ochsen…“

Sie sehen, wie in der Prophezeiung des Jesaja gleichzeitig mit dem Sieg von Gerechtigkeit und Frieden unter den Menschen eine Wandlung der außermenschlichen Natur vor sich geht. Diese Vorstellung hat sich unter der Decke von Wissenschaftlichkeit bis zu Sozialisten des 19. Jahrhunderts erhalten. Wir werden ihr bei Charles Fourier wieder begegnen.

Im sogenannten historischen Materialismus wandelt sie sich zur Idee einer Beherrschung der Natur durch eine zur gesellschaftlichen Vervollkommnung gelangten Menschheit. Die prophetischen Verheißungen bleiben insofern nicht bloße Zukunftsbilder, als sie von jüdischen Minderheiten ernst genommen und in Form von agrarisch-handwerklichen Gemeinschaften realisiert wurden. Die sogenannten Essener lebten während zweier Jahrhunderte in einem asketisch gerichteten Kommunismus. Dasselbe tat, wenn man dem Verfasser der Apostelgeschichte Glauben schenken darf, ein Teil der frühen christlichen Gemeinden.

Die jüdische Erwartung des Messias am Ende der Tage wandelte sich unter christlichem Vorzeichen zur Vorstellung eines noch vor der endgültigen Endzeit anbrechenden vorläufigen irdischen Paradieses, das tausend Jahre dauern sollte. Diesen Glauben schöpfte man aus gewissen Stellen der Offenbarung Johannes. Die Kirche fürchtete diese Lehre als für den Bestand ihrer Hierarchie gefährlich, verurteilte sie und verfolgte ihre Anhänger. Die Lehre lebte aber als sogenannter Chiliasmus in Ketzerbewegungen weiter und hat sich in gewissen Sekten bis heute erhalten. Das tausendjährige Reich ist, wie die Gestalt der Engel, gleichzeitig himmlisch und irdisch. Das letztere drückt sich darin aus, daß es nicht ewig-zeitlos, sondern zeitlich auf tausend Jahre begrenzt ist.

In unserem Zusammenhang ist es reizvoll, Beschreibungen dieses tausendjährigen Reiches zu lesen, die der Vorstellungswelt heutiger chiliastischer Gemeinschaften, wie etwa der Zeugen Jehovas, entsprechen. Stilwidrig und komisch wirkt es, wenn diese zur Ausstattung ihres Gottesreiches alle Errungenschaften der technischen Zivilisation, die raffiniertesten Verkehrsmittel und Haushaltsgeräte in Anspruch nehmen. In der Auffassung davon, wie das Reich kommen werde, gingen die verschiedenen Richtungen schon im Mittelalter und erst recht zur Reformationszeit weit auseinander. Die einen waren, indem sie die blutrünstigen Bilder der Offenbarung Johannes wörtlich nahmen, Anhänger einer Katastrophentheorie. Als Vorboten zum Reich des Friedens erwarteten sie grausame Kriege, und den Sieg Christi sahen sie begleitet mit Strömen von Blut und sadistischen Höllenstrafen. Aus dieser Anschauung entsproß eine gewalttätige, terroristische Richtung. Die anderen glaubten an ein allmähliches Wachsen und schließliches Überhandnehmen des heiligen Geistes in der menschlichen Natur und damit an eine friedliche geistige und soziale Wandlung zu immer mehr Gerechtigkeit und Freiheit. Um Einzelheiten der gesellschaftlichen Organisation kümmerten sich weder die einen noch die anderen. Die Organe zu einer gleichmäßigen Verteilung des Konsums waren in den mittelalterlichen Gemeindeländern und den städtischen Zünften und Brüderschaften gegeben.

Der chiliastische Glaube an das Kommen eines himmlisch-irdischen Reiches der Gerechtigkeit und des Friedens ist als Grundvision in jedem späteren Sozialismus vorhanden, mag er sich auch noch so rationalistisch oder gar materialistisch verstehen. Doch schon in den Utopien der Renaissance tritt die mystische Vision zugunsten von moralischen und praktischen Überlegungen in den Hintergrund. Das Prophetische lebt hier noch als ethischer Impuls, aber zu ihm tritt ein Erwägen und Differenzieren griechischer Herkunft. Naturwissenschaft und Technik treten nur als bescheidene Ansätze auf.

Der britische Humanist, Zeitgenosse und Freund des Erasmus von Rotterdam, Thomas Morus, veröffentlichte im Jahre 1516 seine berühmte Beschreibung der Insel *Utopia* (d. i. Nirgendwo). 1535 wurde er auf Befehl Heinrich VIII. enthauptet. Doch starb der Humanist nicht als Märtyrer seiner Zukunftsvorstellungen, sondern als treuer Anhänger der römischen Kirche, welche die Eheschließung des Königs mit Anna Boleyn, die den Auftakt zur englischen Reformation bilden sollte, verurteilte.

Des Humanisten Ausgangspunkt ist die Kritik an einer

wirtschaftsindividualistischen Entwicklung, die schon im Spätmittelalter begann und mehr und mehr zur Zerstörung der mittelalterlichen Gesellschaftsstruktur führte, die dem einfachen Volk soziale Sicherheit geboten hatte. In England nahm diese Entwicklung ein katastrophales Ausmaß an. Die aufgrund des sich entfaltenden Welthandels aufblühende Wollindustrie führte dazu, daß das Akkerland, welches der Bauernbevölkerung eine sichere Existenz gegeben hatte, in Schafweide verwandelt wurde. Nur wenige fanden als Hirten und Arbeiter in den neuen Wollmanufakturen eine Beschäftigung. Tausende von Menschen durchzogen das Land als Bettler und Diebe. Die ersteren wurden von Staats wegen ausgepeitscht, die letzteren gehenkt. Um diesem Übel abzuhelfen, wird in *Utopia* die Landwirtschaft wiederhergestellt und das Gewerbe auf den Stand eines dem Lokalbedarf angemessenen Handwerks zurückgeschraubt.

Dieser Umstand brachte marxistische Interpreten der Renaissance-Utopie in Verlegenheit. Auf der einen Seite begrüßten sie *Utopia* als das erste Modell einer kommunistisch organisierten Gesellschaftsordnung. Andererseits konnte es ihnen nicht entgehen, daß Morus gegen eine Entwicklung ankämpfte, die sie unter dem Gesichtspunkt der Steigerung der Produktivkräfte langfristig als fortschrittlich bezeichnen mußten. Dieser Kommunist war unter dem Gesichtspunkt des historischen Materialismus im Grunde ein Reaktionär. So schreibt auch der bürgerliche, aber von marxistischen Kriterien stark eingenommene Sozialhistoriker Georg Adler im *Handbuch der Staatswissenschaften*: „Morus hat nicht bemerkt, daß eben jener wirtschaftliche Prozeß, mit dem die Dezimierung des Bauernstandes anhub, zugleich die wunderbare gewerbliche Entwicklung Englands einleitete. Der eben aufkommende ökonomische Individualismus hat trotz vieler Übel, die er im einzelnen mit sich brachte, gerade zu Englands Größe, Weltstellung und Reichtum geführt..."

Von umwälzenden naturwissenschaftlichen Erkenntnissen, technischen Erfindungen und Neuerungen ist bei Morus nicht die Rede. Sein Ideal ist ein bescheidener

Wohlstand des Volkes, und so hält sich auch alles bei ihm in bescheidenem Rahmen. Doch möchte er nicht nur des Volkes materielle Existenz sichern, sondern auch sein kulturelles Niveau heben. Zwischen Bauern und Handwerkern findet ein ständiger Austausch statt. Jeder Stadtbewohner verbringt einen Teil seines Lebens auf dem Land und umgekehrt. Dies führt zu einer Rationalisierung und einer gewissen Technisierung der Landwirtschaft. So läßt man zum Beispiel die Eier nicht mehr von den Hennen ausbrüten, sondern von Brutöfen. Die Arbeitszeit beträgt nur noch sechs Stunden täglich. Das wird dadurch möglich, daß alle arbeiten, daß die Arbeit rationeller organisiert ist, aber vor allem dadurch, daß man nichts Unnötiges mehr produziert. Die Utopier kennen zwar harmlose Vergnügungen, aber keinen Luxus.

Einen weit größeren Raum nehmen Naturwissenschaft und Technik in dem um das Jahr 1600 erschienenen Buch von Thomaso Campanella, *Der Sonnenstaat*, ein. Der Calabreser Mönch schrieb seine Utopie im Gefängnis. Er hatte versucht, einen Aufstand gegen die spanische Herrschaft in Süditalien durchzuführen, wurde aber verraten und nach furchtbaren, zum Teil 40 Stunden dauernden Folterungen während mehr als 20 Jahre gefangengehalten, bis es ihm mit Hilfe des Papstes gelang, nach Frankreich zu entkommen.

Der Zeitpunkt für seinen Aufstandsversuch wurde Campanella durch eine Sternenkonstellation angezeigt. Der Calabreser war Neuplatoniker und mystischer Geschichtsvisionär, doch nehmen in seinem System auch die Naturwissenschaften einen breiten Raum ein.

An der Spitze seines imaginierten Staatswesens steht Sol, der allwissende, höchste Priester, der direkte Verbindung zu den kosmischen Mächten hat. Ihm untergeordnet sind drei Departements, die den drei geistig-sozialen Bereichen entsprechen: Macht, Weisheit und Liebe. In den Bereich der Macht fallen militärische und polizeiliche Angelegenheiten. Im Tempel der Weisheit haben Astrologie und Mathematik den Vorrang. Doch befindet sich hier auch eine vollständige Sammlung aller auf der Erde auffindbaren Gesteinsarten, Pflanzen und Tiere.

Das ganze Volk hat zu den Einrichtungen des Weisheitstempels Zutritt. Die Kinder werden nach Maßgabe ihrer Befähigung gleichzeitig wissenschaftlich und handwerklich unterrichtet. Systematischer als in Morus' *Utopia* wird die Landwirtschaft, die im Zentrum der Wirtschaft steht, im Sinne biologischer Erkenntnis gehoben und mit technischen Hilfsmitteln versehen.

Am Schluß des Buches wird der Matrose, der von diesem fernen Land berichtet, von einem neugierigen Hausvater gefragt: „Sag mir wenigstens noch eines: Wie machen sie es, daß ihre Schiffe ohne Wind und Ruder fahren?" Seemann: „Auf dem Heck des Schiffes ist ein großer Fächer angebracht, der in eine Stange ausläuft, die auf der entgegengesetzten Seite durch ein angehängtes Gewicht im Gleichgewicht gehalten wird, so daß ein Kind sie mit einer Hand heben und senken kann. Der Fächer ist am großen Segel an einer freibeweglichen Achse an zwei Gabeln befestigt. Außerdem fahren einige ihrer Schiffe mit Hilfe von zwei Rädern, die im Wasser durch Seile gedreht werden, welche von einem großen Rad auf dem Bug ausgehen und kreuzweise auf die Heckräder gelegt sind. Das große Rad, das die kleinen Räder im Wasser dreht, setzt das Schiff so leicht in Bewegung wie die Vorrichtung, mit deren Hilfe die kalabresischen und französischen Frauen Fäden drehen, zwirnen und spinnen."

Nur 30 Jahre später erschien das *Neu Atlantis* des englischen Philosophen Francis Bacon. Hier sind Astrologie und mystische Vision verschwunden. Alle Erkenntnis gründet sich auf Erfahrungswissenschaft, so daß es scheint, dieser barocke Denker habe schon den Positivismus des 19. Jahrhunderts vorweggenommen. Doch wird hier die Erfahrung als Idee verherrlicht, verabsolutiert und oft mit reicher Phantasie dargestellt, ohne daß sich der Denker eigentlich auf reale wissenschaftliche Erfahrungen stützt.

Das *Haus Salomonis* ist ein Orden, der aus Wissenschaftlern besteht. Diese regieren den Staat mit absoluter Gewalt. Zu ihrer Verfügung stehen unterirdische Gewölbe, in denen Laboratorien und Fabriken installiert sind. Hier werden neue Metalle entdeckt und hergestellt, chemische Essenzen erprobt, synthetische Ersatzlebensmittel produziert, künstliche Gerüche ausprobiert, und es wird sogar nach einem Elixier zur Verlängerung und Verewigung des Lebens geforscht. Die Entdekkungen und Erfindungen, deren dieser Staat sich rühmen kann, reichen bis zum Perpetuum mobile. In einem unangenehmen Sinne modern mutet die strenge Arbeitsteilung an, die in diesem *Neu-Atlantis* geübt wird. Bacon ist der Erfinder jenes geistlosen Forschungsbetriebs, den man heute als Teamwork bezeichnet. Gleich dem Arbeiter am Fließband übersieht der Wissenschaftler lediglich den ihm zugewiesenen kleinen Bereich, und nur wenige Auserwählte überblicken das Ganze. So werden geniale Leistungen einzelner unmöglich. Die Wissenschaft und das Leben überhaupt werden entpersönlicht. Der Staat respektive der Orden schickt Leute, die man heute als Wirtschaftsspione bezeichnen würde, in alle Welt. Die Resultate dieser Reisen werden für das Ausland geheimgehalten und, wenn es den Weisen Salomonis opportun erscheint, auch für das Inland. Wissen ist Macht. Und die Macht scheint sich selbst zu befriedigen.

Dieser bedrückenden frühen Wissenschaftsphantasie gegenüber sind die Utopien des 18. Jahrhunderts wahre Idyllen. An der Schwelle des Industriezeitalters glaubten mit Jean Jacques Rousseau die fortgeschrittensten Geister, das Glück der Menschen in einer Rückkehr zur Natur zu finden. Bezeichnend ist der Titel einer der in der sozialen Ideengeschichte wirkungsvollsten Utopien: Morellys *Code de la nature*. Dieses Buch wurde in der Spätphase der Französischen Revolution von Babeuf und Buonarotti zum Modell für ihre Verschwörung der Gleichen genommen. Zum erstenmal formuliert hier der Verfasser das Prinzip des reinen Kommunismus: „Jedem nach seinem Bedürfnis, jeder nach seinen Fähigkeiten." An die Stelle apokalyptischer Verheißung, astrologischer Bestimmung und mathematischer Symmetrie tritt jetzt die Vernunft, die nach Naturgesetzen sucht, die erlauben, die menschliche Gesellschaft ein für allemal harmonisch zu ordnen. Mit Vorliebe werden Reisen nach exotischen Gebieten geschildert, wo Völker leben, die von der Zivilisation noch nicht verdorben sind.

Als Beispiel von vielen erwähne ich die *Abenteuer des Jacques Sadeur nach Australien*. Das Buch ist schon Ende des 17. Jahrhunderts erschienen. Sein Verfasser lebte in Genf, wurde aber wegen Trunksucht aus der Calvinistenstadt ausgewiesen. Die Australier werden geboren, ohne daß die Gebärende den leisesten Schmerz empfindet. Sie nähren sich aus einem Überfluß an Früchten, die während des ganzen Jahres reifen. Und so weiter. Weniger idyllisch allerdings sind die barbarischen Strafen, die in allen diesen Utopien vorgesehen sind für die wenigen, welche die Gesetze der Natur nicht anerkennen und sich in ihre Harmonie nicht einfügen wollen. Technische Erfindungen sind hier spärlich und dienen ausnahmslos der Intensivierung der Landwirtschaft und des Gartenbaues. Und doch wurde eben in dieser Zeit die Grundlage für eine nicht utopische, sondern reale Umwälzung der Gesellschaft gelegt.

Physikalische Erkenntnisse und technische Erfindungen veränderten die Produktionsformen. Der Welthandel, der sich schon nach den Entdeckungen der Renaissancezeit zu entfalten begonnen hatte, nahm unerhörte Ausmaße an. Eine neue industrielle und merkantile Bourgeoisie drängte das zünftlerische „Pfahlbürgertum", wie es Marx ironisch nennen sollte, zurück und machte dem Feudaladel die Herrschaft streitig. In dieser Zeit eines wirtschaftlichen Umbruchs entstand die klassische liberale Nationalökonomie. Adam Smith schrieb sein berühmtes Buch *Der Reichtum der Nationen*, das von Max Stirner ins deutsche übersetzt wurde. Andere Namen sind Jean Baptiste Say und David Ricardo, dessen Arbeitswerttheorie von Proudhon und Marx übernommen worden ist.

Die Wirtschaftsdoktrinen dieser Männer gehen im einzelnen auseinander. Gemeinsam ist ihnen, daß sie größtmögliche wirtschaftliche Freiheit proklamieren. Freiheit bedeutete für sie Freiheit für den industriellen Unternehmer und Händler und das war gleichbedeutend mit freier Entfaltung der Technik. Gehemmt wurde diese von zünftlerischen Bestimmungen, die aus dem Mittelalter überliefert waren, sowie von staatlichen Steuern und Zollgesetzen und sozialen Schutzbestimmungen. Die Klassiker des Wirtschaftsliberalismus verstanden sich jedoch durchaus als Philantropen, denn sie waren davon überzeugt, daß ein von allen Fesseln befreiter Industrialismus, auch wenn er momentane soziale Schäden stiftete, in seiner Konsequenz allen Menschen zugute kommen werde.

Diese Befreiung von althergebrachten Hindernissen vollzog sich in England mehr oder weniger friedlich durch eine Reformpolitik des Parlaments, in Frankreich über die Schrecken der Revolution. Mit dem Elend, welches die ungehemmt sich ausbreitende Maschine der großen Mehrheit des Volkes brachte, wurden weder Reform noch Revolution fertig, und dies rief zu Beginn des 19. Jahrhunderts den Sozialismus auf den Plan, der geistesgeschichtlich an die Visionen der vergangenen Jahrhunderte anknüpfte und den Versuch machte, diese den neuen Gegebenheiten anzupassen.

Die Reaktion der Arbeiter auf die Technisierung der Produktion war zunächst eine radikal negative. Aus der Schweizer Geschichte ist uns der Sturm auf die Fabrik von Uster bekannt. Solche Maschinenstürmereien gab es in ganz Europa, vor allem aber im industriell am weitesten fortgeschrittenen England. Aus dem Buch von Friedrich Engels, *Die Lage der arbeitenden Klassen in England*, kann man sich von der Misere, welche die 1769 von James Watt erfundene Dampfmaschine im Gefolge hatte, einen Begriff machen. Sie findet einen Ausdruck in folgendem von Engels mitgeteilten Gedicht aus dieser Zeit:

> Ein König lebt, ein zorniger Fürst,
> Nicht des Dichters geträumtes Königsbild,
> Ein Tyrann, den der weiße Sklave kennt,
> Und der Dampf ist der König Wild.
> Er hat einen Arm, einen eisernen Arm,
> Und obgleich er nur einen trägt:
> In dem Arm schafft eine Zauberkraft,
> Die Millionen schlägt.

Doch hatten die Arbeiter mit ihrem Widerstand nicht auf das Erscheinen dieses Königs gewartet. Schon im Jahr 1710 hatten die Strumpfwirker gegen die Einführung eines neuen Strumpfwirkrahmens revoltiert, und im Verlauf der folgenden Jahre wurden tausende solcher Rahmen sowie andere Geräte zerstört, die drohten, den gelernten Facharbeiter zugunsten eines ungelernten Proletariers zu verdrängen.

Auch die Gewerkschaften waren in ihren Anfängen maschinenfeindlich. Streiks gegen Einführung arbeitssparender Maschinen fanden noch bis zur Jahrhundertwende statt. Wirkungsvoll war das englische sogenannte Ca Canny Prinzip. Ca Canny bedeutet „immer schön langsam". Ihm lag die Theorie zugrunde, der Arbeiter könne durch ein Bremsen der Produktivität der Arbeit das Spiel von Angebot und Nachfrage kontrollieren und somit Überproduktion und Krisen verhindern. Noch kurz vor dem Ersten Weltkrieg schrieb Walter Rathenau in einem Brief, das englische Ca Canny Prinzip mache dem Unternehmer mehr zu schaffen als alle politischen Programme des deutschen Sozialismus.

Auf der anderen Seite verkündeten neue Utopien bessere Gesellschaftsordnungen unter Einschluß und Zuhilfenahme eben jener Maschinen, die man für das Elend der Massen verantwortlich machte. Claude Henri de Saint-Simon war, nicht anders als die liberalen Nationalökonomen, ein begeisterter Anhänger der aufkommenden Industrie. Seine Bücher tragen die bezeichnenden Titel *Du système industriel* (1821), *Catéchisme politique des industriels* (1823), aber auch *Le nouveau christianisme*. Dem Wort „Industrie" gab Saint-Simon einen alle gesellschaftliche Produktion umfassenden Sinn. Würde, so meinte er, von heute auf morgen die gesamte königliche Familie, die höchsten Staatsbeamten, alle hohen Geistlichen und die zehntausend der reichsten Eigentümer sterben, so hätte dies persönliche Trauer, aber gesellschaftlich keinerlei Nachteile zur Folge. Geschähe dasselbe mit den hervorragendsten Gelehrten, Landwirten, Fabrikanten, Kaufleuten und Bankiers, so würde das

Land, völlig gelähmt, in einen Zustand der Agonie verfallen.

Auch Saint-Simon geht es um die Abschaffung des Elends, in das die aufkommende Industrie die, wie er es nannte, „ärmste und zahlreichste Klasse“ gestürzt hat. Aber das Heilmittel sind für ihn nicht, wie für Adam Smith und Ricardo, ein „Laissez faire! Laissez aller!“, sondern Lenkung und Planung. „Freie Bahn dem Tüchtigen!“ Ja oder wie Saint Simon sagt: „Jedem nach seiner Leistung, jeder Leistung nach ihren Produkten.“ Doch kann sich dies nicht auf den Wegen des Zufalls vollziehen. Darum: Abschaffung des Erbrechts und Zuteilung des Kapitals durch zentralisierte Planungsbehörden und Staatsbanken an die tüchtigen Unternehmer. Das Gesellschaftsbild der Saint-Simonschen Utopie ist das eines großen, planmäßig verwalteten Industriekonzerns, in dem nicht nur der Wirtschaftsfachmann, sondern auch der Wissenschaftler und der Künstler seinen Platz hat.

Zum erstenmal nimmt die Industrie in der Konstruktion einer zukünftigen Welt den ersten Platz ein. Noch aber sind wir weit entfernt vom historischen Materialismus. Denn damit seine neue Ordnung auch wirklich der „ärmsten und zahlreichsten Klasse“ zugute kommt, hält Saint-Simon, nicht anders als die Eschatologen des Mittelalters, eine religiöse Wandlung des Menschen für nötig, der er in seinem letzten Werk *Le nouveau christianisme* Ausdruck gibt. Nach dem Tod von Saint-Simon gründeten seine Schüler Bazard und Enfintin eine neue Kirche. Da sie aber beide Päpste sein wollten, führte dies zur Spaltung, zu Skandalprozessen und einem unrühmlichen Ende. Die Anhänger der Lehre zerstreuten sich. Einige wandten sich realen Wirtschaftsunternehmen, wie dem Bau des französischen Eisenbahnnetzes und des Suezkanals, zu.

Völlig anders legt Charles Fourier, Zeitgenosse von Saint-Simon, die Akzente. Wir haben diesen Namen schon erwähnt, als wir vom Propheten Jesaja sprachen. Tatsächlich kommt in der Sprache dieses kaufmännischen Angestellten aus dem 19. Jahrhundert die biblische Vorstellung wieder zum Vorschein, daß mit einer grundlegenden Veränderung der menschlichen Gesellschaft auch die nicht-menschliche Natur sich wandeln werde. In seinem 1808 erschienenen Buch von der *Theorie der vier Bewegungen und der allgemeinen Bestimmungen* entwirft Fourier ein Bild der Geschichte der Menschheit. Diese vollzieht sich in vier Phasen: eine 6.000 Jahre dauernde Phase des Unglücks, zwei 70.000 Jahre dauernde Phasen der sozialen Einheit und des Glücks und eine 5.000 Jahre dauernde Phase der Dekadenz. Während des Zeitalters, in dem die Menschen zur sozialen Einheit finden werden, hat auch die Natur ein Einsehen. Über den Polen werden wärmende Kronen aufleuchten, die das Meer enteisen, so daß das Klima Skandinaviens dem der Riviera gleichen wird. Das Meerwasser wird sich entsalzen und einen limonadenartigen Geschmack annehmen. Die Tiere werden menschenfreundlich. Ein Gras fressender Antilöwe und ein harmloser Antihai ersetzen ihre fleischgierigen Vorfahren. Nur der Mensch bleibt Fleischfresser. Daß der Mensch auch in dieser Hinsicht eigentlich mit gutem Beispiel vorangehen sollte, daran scheinen merkwürdiger Weise weder Jesaja noch Fourier gedacht zu haben.

In Fouriers zweitem, 1822 erschienenen Werk *Versuch über die häusliche und agrarische Assoziation* ist von diesen eschatologischen Phantasien bezeichnender Weise nicht mehr die Rede. Diese Dinge werden hier schon von Dampfschiffen und Eisenbahnen ersetzt.

Fourier scheint mir aktuell zu sein, weil er zum ersten Mal in Ergänzung der von der Französischen Revolution proklamierten Menschenrechte ein „Recht auf Arbeit“ postulierte, vor allem aber, weil sich in seinem System Ansätze zu ökologischem Denken befinden, die dann von der industriellen Entwicklung und dem Siegeszug des Marxismus bis in unsere Tage verschüttet worden sind.

Die großen Städte will Fourier auflösen. Wörtlich: „In einer Landschaft, die ein schöner Fluß durchströmt, von Hügeln durchzogen und zu verschiedenen Arten landwirtschaftlicher Kultur geeignet, mit einem Wald als Hintergrund“ steht das Phalanstère. Hier leben 400 Familien, die nach persönlicher und erotischer Neigung, aber auch nach Eignung, zu einer bestimmten Beschäftigung zueinander finden. Familien- und Arbeitsgestaltung greifen stark ineinander. Die Gesellschaft wird nach psychologischen Gesichtspunkten organisiert, wobei auf die größtmögliche Freiheit des einzelnen geachtet wird. Dem einzelnen wird die Möglichkeit gegeben, sowohl seinen Liebespartner als auch die Art seiner Arbeit zu wechseln. Obwohl Fourier manche technische Erfindung zur Verschönerung des Lebens in Anspruch nimmt, hat er doch eine Abneigung gegen die Großindustrie. Die Mittel- und Kleinbetriebe des Phalanstères haben den Charakter von künstlerischen Ateliers. Jede Arbeit soll ein Vergnügen sein. Im Zentrum des Wirtschaftslebens aber steht die Landwirtschaft, die Fourier zu einem intensiven Gartenbau umgestalten möchte. Was vom Fourierismus geblieben ist, ist die Idee der Gartenstädte mit ihrem heute noch bestehenden Relikt, den Schrebergärten. – Das ist besser als gar nichts.

Auf den genannten Schilderungen sozialer Zustände aufbauend, schossen im Verlauf des 19. Jahrhunderts die Utopien wie Pilze aus dem Boden. Manche von ihnen, wie die berühmteste des englischen Sozialisten Robert Owen, wurden in Amerika ausprobiert und konnten sich während einiger Jahre halten.

Die meisten von ihnen überboten sich im Zuge der Zeit in technischen Neuerungen. So das Ikarien (1839) von Etienne Cabet, das mit einem engen Landstraßen- und Eisenbahnnetz durchzogen ist, in dessen Städte Pferdetrams verkehren und wo der Verkehr an den Kreuzungen bereits mittels Beleuchtungsvorrichtungen geregelt wird. In den Fabriken wird am Fließband gearbeitet. In einer Uhrenfabrik zum Beispiel befinden sich im Erdgeschoß riesige Maschinen, die das Metall schneiden und die Einzelteile formen. In den Stockwerken arbeiten die Arbeiter in großen Sälen. Eingeteilt sind sie in so viele Klassen, wie es Arten von Teilstücken zu bearbeiten gibt, so daß jeder immer die gleiche Arbeit tut. Dank der Mechanisierung und Rationalisierung ist die Arbeitszeit nur kurz. Doch herrscht während der Arbeit militärische Disziplin. Während zwei Stunden ist Redeverbot, während weiterer zwei Stunden ist es erlaubt, sich zu unterhalten, während der restlichen zwei Stunden muß gesungen werden.

Im Laufe des Jahrhunderts werden die Utopien immer reichhaltiger mit technischen Errungenschaften ausgestaltet, die damals unerhört waren und uns zum Teil selbstverständlich sind. So brauchten die Menschen der 1887 erschienenen Utopie des Amerikaners Bellamy nur auf einen Knopf zu drücken und ein reichhaltiges Musikprogramm stand ihnen in ihrer eigenen Wohnung zur Verfügung.

Gleichzeitig wachsen aber auch während der immer kürzer werdenden Arbeitszeit Regierungsgewalt und Disziplin, die militärische Formen annehmen. Dieser Fortschrittsoptimismus, der bis in die jüngste Zeit Bürger und Arbeiterschaft im Denken vereinigte, war der Nährboden des sogenannten historischen Materialismus.

Bevor ich aber zu Marx und Engels komme, will ich eine Utopie erwähnen, die, in der zweiten Hälfte des 19. Jahrhunderts verfaßt, eine merkwürdige Aktualität erlangt hat. Ich meine Lord Bulwer Lytton. Mit einem Wort handelt es sich um die Errichtung einer staatslosen, friedlichen, anarchistischen Gesellschaft mit dem Mittel der Verallgemeinerung eines Gleichgewichts des Schrekkens. Ein Engländer gerät durch Zufall in dieses utopische Reich. Er wird von den Bewohnern in hypnotischen Schlaf versenkt. Nach seinem Erwachen versteht er die Sprache dieses Volkes, und seine Bewacher können plötzlich englisch. Die Utopier haben ein chemisch-physikalisches Fluidum namens Vril entdeckt, mit dessen Hilfe sie die Natur aller Dinge und Lebewesen auf vielfältigste Art beeinflussen können. Das Vril dient ihnen zur Beleuchtung ihrer Welt, denn sie leben im Erdinnern. Mittels des Vriels kann die Temperatur reguliert, aber auch Einfluß auf Körper und Psyche von Menschen, Tieren und Pflanzen ausgeübt werden. Das Vril kann physische und psychische Krankheiten heilen, besitzt aber auch eine ungeheure Zerstörungskraft. Das Besondere ist nun, daß dieser Stoff nicht im Besitz einer bestimmten Kaste, Klasse oder der Regierung ist, sondern jedes einzelnen. Jeder Knabe ist im Besitz eines Vrilstockes, mit dessen Hilfe er, wenn er wollte, im Augenblick eine ganze Stadt zerstören könnte. Wer würde nun wagen, diesem Knaben etwas zu befehlen oder irgendetwas zu tun, was das Mißfallen eines anderen erregen könnte? Der Grundsatz: „Was du nicht willst, daß man dir tut, das füg auch keinem andern zu" ist hier unbedingt gesichert. Gesetze, Gerichte, Polizei sind deshalb überflüssig. Der Selbsterhaltungstrieb eines jeden führt die Gesellschaft zu allgemeiner Brüderlichkeit. – Wenn wir über diesen Gedankengang den Kopf schütteln, dürfen wir nicht übersehen, daß dieser Gedanke aller Ethik, die sich auf positivistische Wissenschaftsgläubigkeit stützt, zugrunde liegt. Auch Kropotkins soziale Ethik ist utilitaristisch, d. h. gründet sich auf den Selbsterhaltungstrieb des einzelnen. Vielleicht hat der Engländer aus dieser Philosophie nur die letzte Konsequenz gezogen.

Übrigens handelt es sich um eine feministische Gesellschaft. Die Wissenschaft des Vril, heute würde man Nuklearforschung sagen, liegt in den Händen der Frauen, während sich die männlichen Gelehrten mit untergeordneten Gebieten wie Philosophie, Geschichte und Sprachwissenschaft befassen.

Den Schriften von Karl Marx und Friedrich Engels kann man verschiedene Seiten abgewinnen. Ich beschränke mich hier auf die Frage nach dem Verhältnis, das nach ihrer Anschauung der Sozialismus zur Entwicklung der Technik einnimmt. Doch unterscheidet sich eben in diesem Punkt der Marxismus wesentlich von allem früheren und mit ihm rivalisierenden zeitgenössischen Sozialismus.

Einer der bedeutendsten Popularisatoren der Marxschen Theorie, Karl Kautsky, sagt deutlich: „Die entscheidende Triebkraft der Entwicklung der Gesellschaft ist nicht das Streben, diese den Menschen immer entsprechender zu gestalten, sondern der technische Fortschritt. Die Technik ist also in letzter Linie entscheidend für die Form des gesellschaftlichen Zusammenlebens." Und

Marx selbst: „Nachdem mit der allseitigen Entwicklung des Individuums auch die Produktivkräfte gewachsen sind und alle Springquellen der Reichtümer voller fließen, erst dann kann der bürgerliche Rechtshorizont ganz überschritten werden und die Gesellschaft auf ihre Fahnen schreiben: *Jeder nach seinen Fähigkeiten, jedem nach seinem Bedürfnis*."

In seiner von Marx abgesegneten Schrift *Die Entwicklung des Sozialismus von der Utopie zur Wissenschaft* legt Friedrich Engels dar, daß der Sozialismus der Utopisten bloße unrealisierbare Wunschträume gewesen seien. Zur Wissenschaft und damit zur realisierbaren Aufgabe sei der Sozialismus erst mit dem Sieg der Maschine und der die industrielle Produktion verkörpernden Klasse der Bourgeoisie geworden. Was für Jesaja das Kommen des Messias bedeutete, für die frühen Christen und Chiliasten die Wiederkehr Christi, für die Aufklärer der Sieg der Vernunft, das ist für Marx und die Marxisten das Resultat des Anwachsens der Produktivkräfte durch die Entwicklung der Technik.

Viele Sozialisten haben die Technik als Hilfsmittel zur Schaffung allgemeinen Wohlstandes begrüßt. Sie haben den Stand der Technik ihrer Zeit in ihre Zukunftsbilder eingebaut. Noch mehr: Sie haben eine wunderbare Weiterbildung der Technik vorausgesagt, die dank sozialistischer Organisation eintreten werde. Das Neue bei Marx und den Marxisten ist, daß die Technik für sie nicht nur ein Hilfsmittel ist, daß der Sozialismus auch nicht nur Vorbedingung für eine wunderbare Weiterentwicklung der Technik ist, sondern umgekehrt, daß ein dank der Technik eintretender Höhepunkt der Produktionsverhältnisse die notwendige Voraussetzung für den Sozialismus erst schafft. Darauf beruht die von ihnen in Anspruch genommene sogenannte Wissenschaftlichkeit.

Die Maschine schafft diese Voraussetzung nach zwei Richtungen: 1. indem sie die Möglichkeit einer Überflußproduktion hervorbringt, die die Bedürfnisse nicht nur eines Teils, sondern aller Menschen befriedigen kann. Und 2. indem sie mit dem Proletariat eine neue Klasse entstehen läßt, die dazu berufen ist, die sozialistische

Umwälzung zu vollziehen. Wobei Marx und der Marxismus unter Proletariat nicht irgendeine verelendete Masse, sondern speziell den Industriearbeiter verstehen. Doch ist nicht zu übersehen, daß für den Marxismus die Bourgeoisie die eigentliche revolutionäre Klasse ist. Vom Proletariat wird nur sehr abstrakt geredet, von der Bourgeoisie hingegen sehr konkret, denn sie schafft die wirtschaftlichen Voraussetzungen, welche den Sozialismus ermöglichen.

Charles Gide drückt dies in seiner *Geschichte der volkswirtschaftlichen Lehrmeinungen* folgendermaßen aus: „Sie (die Marxisten) sind dem Kapitalismus für die wirklich revolutionäre Rolle, die er gespielt hat, unendlich dankbar, wie auch dafür, daß er das Nest so gut hergerichtet hat, in dem der Kollektivismus sich – fast ohne etwas daran zu ändern – wird einrichten können."

Das Kernstück des 1848 erschienenen *Kommunistischen Manifests* von Marx und Engels ist ein Loblied auf die historische Rolle der Bourgeoisie. Ich will daraus ein paar markante Sätze zitieren: „Die Bourgeoisie hat in ihrer Geschichte eine höchst revolutionäre Rolle gespielt. Sie hat in ihrer kaum hundertjährigen Klassenherrschaft massenhaftere und kolossalere Produktionsverhältnisse geschaffen als alle vergangenen Generationen zusammen. Unterjochung der Naturkräfte, Maschinerie, Anwendung der Chemie auf Industrie und Ackerbau, Dampfschiffahrt, Eisenbahnen, elektrische Telegraphen, Urbarmachung ganzer Weltteile, Schiffbarmachung der Flüsse, ganze aus dem Boden hervorgestampfte Bevölkerungen... Die Bourgeoisie hat enthüllt, wie die brutale Kraftäußerung, welche die Reaktion so sehr am Mittelalter bewundert, in der trägsten Bärenhäuterei ihre passende Ergänzung fand... Sie hat enorme Städte geschaffen, sie hat die Zahl der städtischen Bevölkerung gegenüber der ländlichen vermehrt und so einen bedeutenden Teil der Bevölkerung dem Idiotismus des Landlebens entrissen. Wie das Land von der Stadt, so hat sie die barbarischen und die halbbarbarischen Länder von den zivilisierten, den Orient vom Okzident abhängig gemacht. Erst sie hat bewiesen, was die Tätigkeit des

Menschen zustande bringen kann. Sie hat ganz andere Wunderwerke vollbracht als ägyptische Pyramiden, römische Wasserleitungen und gothische Kathedralen. Sie hat ganz andere Züge ausgeführt als Völkerwanderungen und Kreuzzüge....“

Den Optimismus in bezug auf den Siegeslauf der Technik teilt Marx nicht nur mit dem aufstrebenden Bürgertum des 19. und dem Beginn des 20. Jahrhunderts, sondern auch mit den meisten übrigen Sozialisten seiner Zeit – auch die Anarchisten machten da keine Ausnahme. Was ihn aber von den anderen unterscheidet, ist ein geschichtsphilosophischer Dogmatismus, den die Marxisten als wissenschaftlich bezeichnen.

Charles Gide charakterisiert diesen Grundzug treffend als einen „brutalen Historismus“.

In seiner Polemik gegen Proudhon macht sich Marx über dessen Gerechtigkeitsbegriff lustig. Des Franzosen Geschichtsauffassung enthält als einen treibenden Faktor die „justice“, die, da ihr nie völlig Genüge geleistet werden kann, die Menschen durch neue Antithesen zu immer neuen vorläufigen Lösungen zwingt. Marx hält diese „justice“ für die subjektive Schrulle eines Kleinbürgers. Ihm gegenüber meint er, daß z. B. die Sklaverei vor der Erfindung von Menschenkraft ersetzenden Maschinen durchaus nötig gewesen sei, denn nur dank ihr sei die Voraussetzung zur Verbesserung der Produktionsverhältnisse geschaffen worden. „Die schlechte Seite ist's“, sagt er in der *Misère de la philosophie*, „welche die Geschichte macht dadurch, daß sie den Kampf zeitigt.“

Diese amoralische Dialektik hat Marx von Hegel und dessen „List der Idee“ übernommen, wobei er an die Stelle eines sich selbst verwirklichenden Geistes die Entwicklung der Produktionsverhältnisse, d. h. der Technik setzt. Von einer Grenze des Wachstums ahnten weder die bürgerlichen Fortschrittsideologen noch die Marxisten etwas. Daß die ersehnte Revolution nicht im fortgeschrittenen England, sondern im zurückgebliebenen Rußland ausbrach, schuf dem Marxismus Probleme. In Rußland gab es weder Industrie, welche eine Bedürfnis befriedigende Überflußproduktion hätte garantieren können, noch ein zur politischen Führung berufenes Industrieproletariat. Die Menschewiki hatten es darum auch leicht, die Bolschewiki als Verräter am Marxismus zu brandmarken. Sie selbst wollten im Februar 1917 mittels einer bürgerlichen Republik zuerst einmal die Voraussetzungen zu einer Industrialisierung schaffen, die einen Sozialismus ermöglichen würde. Doch war Lenins Abweichung in Wirklichkeit nur eine taktische. Mit der Parteidiktatur der Bolschewiki wollte er die Industrialisierung vorantreiben. Den Sozialismus verschob auch er in die Zukunft. Nur Trotzki meinte, in einer permanenten Revolution alles in einem Knäuel bewerkstelligen zu können. Das sind Subtilitäten. Doch sind wegen solcher Spitzfindigkeiten mindestens so viele Menschen umgebracht worden wie seinerzeit wegen Abweichungen in der Interpretation der Offenbarung des Johannes.

Interessant wäre es nun, auch den Anarchismus im Hinblick auf sein Verhältnis zur Technik zu analysieren. Ich muß mich auf Andeutungen beschränken.

Proudhon legte wenig Wert auf Produktionsverhältnisse und Produktionsformen. Ihm ging es in erster Linie um eine gerechte Verteilung der Produkte. Eine solche ist nach seiner Meinung unter allen Formen der Produktion denkbar. Seine praktischen wirtschaftlichen Vorschläge gehen alle in diese Richtung.

Die späteren Anarchisten sind von der technischen Entwicklung, wie sie zu ihrer Zeit stattfand, beeindruckt und vielfach auch von marxistischer Theorie beeinflußt. Philosophisch standen die meisten auf dem Boden des Positivismus von Auguste Comte, einem Schüler Saint-Simons. Bei Kropotkin vor allem führt dies zu einem inneren Widerspruch, der in seinem Werk nicht zu übersehen ist. Auf der einen Seite beeindruckten ihn die Einrichtungen gegenseitiger Hilfe und Solidarität bei den primitiven Volksstämmen Innerasiens. Liebevoll verfolgt er die Spuren gegenseitiger Hilfe bis ins Tierreich, ist begeistert von den korporativen Einrichtungen mittelalterlicher Städte, die von Marx wegwerfend als pfahlbürgerliche apostrophiert wurden. Nach der Russischen Oktoberrevolution beschwört er Lenin, den rückständigen Völkerschaften des zusammengebrochenen Zarenreiches Autonomie und Freiheit zu gewähren, was mit einer beschleunigten Industrialisierung, wie sie Lenin wollte, unvereinbar war. Auf der anderen Seite steht aber auch er im Banne positivistischer Wissenschaftsphilosophie und glaubt an unermeßliche Möglichkeiten, die der technische Fortschritt und vor allem die Elektrizität bringen werden.

Diesen inneren Widerspruch finden wir auch bei den spanischen Anarchosyndikalisten. An mittelalterliche Traditionen anknüpfend, schufen sie in ihrem kurzen Sommer im Jahre 1936 in den primitivsten Bauerngegenden die schönsten anarchokommunistischen Modelle. Andererseits erwarteten sie in ihrer dogmatischen Verehrung der Naturwissenschaften von einer Entwicklung der Technik wahre Wunder, welche diejenigen ihrer marxistischen Rivalen in den Schatten stellten.

Natürlich hat es sowohl unter Konservativen als auch unter sozial Fortschrittlichen immer Skeptiker und Pessimisten gegeben.

Schon im 18. Jahrhundert zweifelten liberale Denker wie der Genfer Historiker Sismondi und der englische Sozialphilosoph John Stuard Mill an den Wohltaten der technischen Entwicklung. Es genügt, Namen wie Malthus zu nennen, der die Bevölkerung der Erde in katastrophalem Maße anwachsen, und Jakob Burckhardt, der den industriellen Militärstaat kommen sah. Ich will mich auf zwei Kritiker beschränken, deren Ansichten gewiß keine sozialkonservativen waren.

Der erste ist Leo Tolstoi. „Die wissenschaftsgläubigen Positivisten“, so schreibt er irgendwo, „drehen sich im Kreise. Fragt man sie, was der Fortschritt sei und wie man diesen vom Rückschritt unterscheiden könne, so antworten sie, der Fortschritt sei das, was die Menschen zum Guten führe. Fragt man sie, was das Gute sei, so antworten sie, daß sei das, was den Menschen zum Fortschritt führe. So erklären sie den Fortschritt mit dem Guten und das Gute mit dem Fortschritt.“

Ebenso logisch argumentiert er den Marxisten gegenüber. „Diese meinen, eine Höherentwicklung von Technik und Industrie würde dadurch, daß sie erlaube, alle Bedürfnisse zu befriedigen, einen Zustand der Gerechtigkeit und des Friedens herbeiführen. Was aber braucht der Mensch zum Leben? Bedürfnisse lassen sich unendlich vermehren und verfeinern. Und darum wird es auf jeder Produktionsstufe Menschen geben, welche die übrigen für ihre immer raffinierteren Bedürfnsse arbeiten und darben lassen." Als einzige Lösung sieht der Russe einen bäuerlich-handwerklichen Sozialismus der Bedürfnislosigkeit, wie er ihm von gnostischen und chiliastischen Sekten vorgelebt wurde. (Ich zitiere Tolstoi frei nach dem Gedächtnis, da ich die betreffenden Stellen in seinem umfangreichen sozialkritischen Werk nicht finden kann.)

Zum Schluß will ich den deutschen Anarchisten Gustav Landauer zu Wort kommen lassen, der Marx und dem historischen Materialismus härter zu Leibe gerückt ist als alle bürgerlichen Kritiker. Kein Prediger der Genügsamkeit noch ein Prophet der absoluten Gewaltlosigkeit wie Tolstoi lehnte er auch den Fortschritt von Wissenschaft und Technik nicht ab. Doch ist für ihn Sozialismus niemals das historische Produkt der industriellen Entwicklung. Als Erzeugnis menschlichen Schöpferwillens ist Sozialismus der Kunst näher verwandt als der Wissenschaft. „Sozialismus ist Schöpfung nicht nur des wissenschaftlichen und technischen, sondern des ganzen Menschen. Er ist zu allen Zeiten möglich, wenn die Menschen ihn wollen."

„Der Vater des Marxismus", so heißt es in Landauers *Aufruf zum Sozialismus*, „ist auch nicht Hegel, ist weder Smith noch Ricardo noch einer der Sozialisten vor Marx, ist auch kein revolutionär-demokratischer Zeitumstand, ist noch weniger der Wille und das Verlangen nach Kultur und Schönheit unter den Menschen. Der Vater des Marxismus ist der Dampf. Die alten Weiber prophezeien aus dem Kaffeesatz, Karl Marx prophezeite aus dem Dampf... Der Marxist ist der Philister, und der Philister kennt nichts Großartigeres, nichts, was ihm heiliger ist als die Technik und ihre Fortschritte. Stell einen Philister vor den lebendigen Jesus am Kreuz und vor eine neue

Maschine zur Fortbewegung von Menschen und Sachen. Er wird, wenn er ehrlich und kein Bildungsheuchler ist, das gekreuzigte Menschenkind eine total überflüssige Erscheinung finden und hinter der Maschine herlaufen."

Doch konnte derselbe Gustav Landauer in einem Vortrag über Hölderlins Gedichte auch sagen: „Welchen Glanz, welche Feste ahnt er voraus – obwohl es noch keine Eisenbahnen gab, die die herrlichen Vehikel ungeheurer Volksfeste wären, wenn wir um den verborgenen Geist unserer Einrichtungen wüßten."

Soweit mein ideengeschichtlicher Rückblick. Es bleibt mir noch, ein Wort zur Gegenwart zu sagen, die uns ja vor allem beschäftigt.

Mir scheint, daß Stalinismus, Nationalsozialismus und Zweiter Weltkrieg nicht nur Millionen von Menschenleben und Städte zerstört, sondern auch einen ideologischen Scherbenhaufen hinterlassen haben. Heute sind wir damit beschäftigt, die Scherben wieder mühsam zusammenzutragen. Man muß sich aber die Frage stellen, ob mit ihnen überhaupt noch etwas anzufangen ist. Klingt nicht manchem von uns schon das Wort *Sozialismus* wie ein Märchen aus uralten Zeiten?

Eine Folge der vom Krieg erzwungenen äußersten Anstrengung der wissenschaftlichen Verstandeskräfte war eine Welle von technischen Neuerungen, die uns förmlich überrollt hat. Niemand mehr glaubt heute, daß uns diese Welle ins Paradies tragen wird, aber alle reiten wir auf ihr – ob wir wollen oder nicht.

Eine nostalgische Sehnsucht nach den alten Zeiten ist Mode geworden. Doch scheint mir diese Sehnsucht nach dem Gestern unfruchtbar und im Grunde unwahr und unwahrhaftig zu sein. Die Vorteile, die wir dank der Technik genießen, allein erlauben es uns nämlich, ihre Nachteile und ihr Ungenügen zu sehen und zu empfinden. Nötig wäre etwas Drittes, etwas Umfassenderes als der bloße wissenschaftliche Sachverstand, der diesen technischen Aufschwung ermöglicht hat, und das ich, auf die Gefahr hin, rationalistisch mißverstanden zu werden, als Vernunft bezeichnen möchte.

ANARCHISMUS UND CHRISTENTUM

Werte Zuhörerinnen und Zuhörer,

zum Einstieg in das Thema erinnere ich Sie an ein Ereignis, das sich in diesem Jahr zum 50. Male jährt. Ich meine die Revolution, die im Juli 1936 als Antwort auf den Staatsstreich gegen die junge spanische Republik ausgebrochen ist.*

Die Revolution führte zum bedeutendsten sozialen Experiment, das jemals im Namen des Anarchismus durchgeführt worden ist. Der Anarchismus erlebte in diesem Jahr einen kurzen Sommer, wie ihn Hans Magnus Enzensberger genannt hat. Auf ihn folgte ein Herbst der verbündeten kleinbürgerlichen und stalinistischen Gegenrevolution und der eiskalte Winter der Reaktion des Generals Franco.

In der Revolution traten große, nie geahnte Möglichkeiten freiheitlicher Sozialisierung zutage, aber auch innere Widersprüche der Idee in ihrem Zusammenstoß mit der historischen Realität. Ich kann hier weder auf das eine noch das andere eingehen.

Das andere große Geschehnis freiheitlicher Sozialordnung vollzog sich in Palästina und im heutigen Israel aufgrund ähnlicher ideologischer Überlieferung unter völlig anderen sozialen Voraussetzungen – jedoch nicht im Namen des Anarchismus, sondern in dem des Zionismus in der heute noch bestehenden Kibbuzbewegung. Martin Buber, der ein Freund Gustav Landauers war, nannte den Kibbuz ein nicht gescheitertes Experiment.

Christlich sind weder die Kibbuzim noch waren es die spanischen Kollektive. Der spanische Anarchismus war und ist antiklerikal und atheistisch. Die Kibbuzbewe-

* siehe: Heiner Koechlin, *Die Tragödie der Freiheit, Spanien 1936-1937, Die Spanische Revolution, Ideen und Ereignisse*, Karin Kramer Verlag, Berlin 1984

gung bestand und besteht heute mehrheitlich aus einem laizistischen Judentum, das sich von der Religion seiner Vorfahren abgewandt hat.

Doch sind beide Bewegungen von einer religiösen Überlieferung inspiriert, was weder den laizistischen Pionieren der Kibbuzbewegung bewußt war noch den spanischen Anarchisten, welche die Kirchen schlossen und sie als Vorratsmagazine verwandten, wenn sie nicht von der revoltierenden Menge angezündet wurden. Eine Ausnahme bildete Horacio Prieto, ein gemäßigter Anarchist, den man heute vielleicht als Revisionisten bezeichnen würde. Prieto war während des Bürgerkriegs eine Zeitlang Sekretär der anarchosyndikalistischen *confederacion nacional del trabajo*. Als solcher setzte er sich als Rufer in der Wüste für die Gewährung der Gewissens- und Kultusfreiheit ein. Er tat dies aus politischen Gründen, weil ihm bewußt war, daß die Kirche in Spanien, wie er meinte, tiefere Fundamente besitze als alle militärischen Festungen. Er tat dies aber auch aus grundsätzlichen Überlegungen.

„Es ist kein Geheimnis“, so sagte er, „daß es zwischen den Anarchisten und den Christen weniger Distanz gibt als zwischen diesen beiden und den Marxisten. Beide stimmen darin überein, daß sie den Menschen und dessen Souveränität, seine Befreiung und seine Erhöhung zum Ziele haben. Beider Anliegen ist die Herstellung der Gemeinschaft unter den Menschen durch den geistigen Imperativ zur Gleichheit und Solidarität. Die Anhänger Kropotkins wollen die gegenseitige Hilfe, die Anhänger Christi die Nächstenliebe, aber beide sehen in der freien Gemeinde die höchste Form aller sozialen Erneuerung.“ Die historischen Gegensätze zwischen einer inquisitorischen Kirche und dem aus dem antiklerikalen Liberalismus hervorgegangenen Anarchismus waren zu gewaltig, als daß solche Worte damals hätten Gehör finden können.

Aber auch der katalanische Arzt Felix Marti Ibanez, ein junger Anarchist, der sich in seinem revolutionären Idealismus nichts weniger in den Kopf gesetzt hatte als mit psychoanalytischen Mitteln die Prostitution zum Verschwinden zu bringen, rief, als in Barcelona die Kirchen brannten, aus: „Mystiker sind wir alle, die wir für ein Ideal zu sterben wissen“, und er berief sich dabei nicht nur auf den indischen Yogi Vivekananda, sondern auch auf das Idol spanischer Traditionalisten, die heilige Theresa von Avila. Ein geistiger Zusammenhang, der in einem Jahrhunderte dauernden Prozeß verschüttet worden war, trat hier gleich einem schnell verlöschenden Funken an die Oberfläche.

Unverkennbar hatten die während des 19. und zu Beginn des 20. Jahrhunderts wiederholt ausbrechenden andalusischen Bauernrevolten einen eschatologischen Charakter.

Man entmachtete die Grundbesitzer, führte im Rahmen der Gemeinde das Gemeindeeigentum ein und erwartete, daß die Nachbardörfer, die Region, das Land und schließlich die Welt dem Beispiel folgen würden und ein neues Zeitalter der Freiheit, der Gerechtigkeit und des Friedens anbreche. Die elende soziale Lage der Bauern allein erklärt die Art und Weise dieses Vorgehens nicht. Vielmehr war hier eine Verbindung von islamischem Prophetismus, jüdischem Messianismus und christlicher Kreuzzugtradition am Werk. Doch kämpfte man gegen die Kirche, welche einem System feudaler Herrschaft und Ausbeutung Gottes Segen verlieh. Gegen diesen Gott kämpfte man mit mystischer Inbrunst. Eine spanische anarchistische Zeitung, die mir in die Hände fiel, trug stolz den Namen *El Anticristo*.

Als Waffe diente ein wissenschaftsgläubiger, philosophischer Materialismus. Diese Gottesleugner oder, besser gesagt, Gottesfeinde glichen gewissen russischen Nihilisten, von denen ein Kritiker sagte, sie verkündeten, es gäbe nur Kraft und Stoff, darum müsse man seinen Nächsten lieben, wie sich selbst. Das gilt fast allgemein für die anarchistischen Ideologen des 19. Jahrhunderts.

Pierre Joseph Proudhon hatte zur Religion psychologisch gesehen ein zwiespältiges, in philosophischer Objektivierung dialektisches Verhältnis. Der ebenso zwiespältige spanische Christ Miguel de Unamuno konnte darum Proudhons Denken ein agonisches nennen.

Proudhons erste sozialphilosophische Schrift behandelt das biblische Gebot der Sabbatheiligung, in dem er einen ersten Schritt zur Emanzipation des arbeitenden Menschen erblickt. Doch gelangt nach ihm der Mensch zur sozialen Gerechtigkeit erst durch seine Befreiung von jeder metaphysischen und damit auch politischen Autorität. Im Gottesgedanken und dessen Autorität verkörpert sich der Anfang, in dessen Überwindung durch die volle menschliche Autonomie das Ziel der menschlichen Emanzipation. Doch findet diese Entwicklung und auch die dialektische Spannung kein Ende. Wir werden auf dieses Geschichtsbild im Zusammenhang mit der Vision des Joachim von Floris zurückkommen.

Einfacher gestaltete sich das Problem für Proudhons Nachfolger. Die Leitsätze des antiautoritären Flügels der ersten internationalen Arbeiterassoziation lauteten: Kollektivismus, Föderalismus, Atheismus.

Eine der bekanntesten, wenn auch nach meiner Meinung nicht die wichtigste der Schriften Michael Bakunins trägt den Titel *Gott und der Staat*. Über das Christentum sagt der russische Anarchist hier folgendes: „Das Christentum ist die Religion par excellence, weil es in seiner Ganzheit die Natur, d. h. das eigentliche Wesen jeden religiösen Systems ausdrückt und äußert, nämlich die Versklavung und die Vernichtung der Menschheit zum Vorteil der Gottheit. Da Gott alles ist, sind die wirkliche Welt und der Mensch nichts. Da Gott die Wahrheit, die Gerechtigkeit, das Gute, das Schöne, die Macht und das Leben ist, ist der Mensch die Lüge, das Schlechte, das Übėl, die Häßlichkeit, die Ohnmacht und der Tod. Da Gott der Herr ist, ist der Mensch der Sklave. Als Sklaven Gottes müssen die Menschen auch Sklaven der Kirche und des Staates sein, insoweit als der Staat von der Kirche geheiligt ist... Ob es den Metaphysikern und religiösen Idealisten, Philosophen, Politikern oder Dichtern gefällt oder nicht: die Gottesidee enthält die Abdankung der menschlichen Vernunft und Gerechtigkeit in sich, sie ist die entschiedenste Verneinung der menschlichen Freiheit und führt notwendigerweise zur Versklavung in Theorie und Praxis. Wenn Gott existiert, ist der Mensch

Sklave. Der Mensch kann und soll aber frei sein. Folglich existiert Gott nicht. Ich fordere jeden auf, diesem Kreis zu entgehen. Und nun mag man wählen!"

Das ist Bakunin, der Empörer gegen Gott um des Menschen und seiner Freiheit willen. Bakunin ist treffender als Antitheist denn als Atheist zu bezeichnen. Der Akzent liegt bei ihm wie bei Proudhon mehr auf der Feindschaft gegen den Gottesgedanken als auf dessen Verneinung. Doch ist Bakunin Antitheist auch in dem Sinne, als sich seine Spitze noch mehr als gegen den offenbarten Gott der Bibel gegen den rationalistischen Gott der Theisten seiner Zeit richtet. Der Titel *Gott und der Staat* spielt direkt auf den Titel einer Programmschrift Giuseppe Mazzinis *Dio e popolo* (*Gott und Volk*). Mazzinis Gott ist der Gott Jean Jacques Rousseaus und Robespierres, der sich sozial in einem mystifizierten allgemeinen Volkswillen und politisch im demokratischen Einheitsstaat inkarniert. Der Anarchist bekämpft diese Idee im Namen der Föderation von unten nach oben.

Den wissenschaftsgläubigen Positivismus verwendet Bakunin als Waffe gegen geistliche und politische Autorität, doch wendet er sich heftig ebenso gegen die Autoritätsansprüche der Wissenschaftler. „Es ist klar, daß die Wissenschaft, das erhabenste Ziel aller Anstrengungen des menschlichen Geistes, nie in absoluter Vollständigkeit verwirklicht werden wird. Unser Christus, d. h. die Wissenschaft, wird darum ewig unvollendet bleiben, was den Stolz seiner bevorrechteten Vertreter unter uns bedeutend vermindern muß. Gegen diesen Sohn Gottes, in dessen Namen sie uns ihre unverschämte und pedantische Autorität aufzuerlegen die Anmaßung haben würden, werden wir uns auf Gott den Vater berufen, der die wirkliche Welt, das wirkliche Leben ist, von denen jener nur der allzu unvollkommene Ausdruck ist und deren unmittelbare Vertreter wir selbst sind – die lebenden Wesen, die wir leben, arbeiten, kämpfen, lieben, sterben, genießen und leiden."

Dieser Rationalismus ruht, wie Sie sehen, auf durchaus irrationalem Grunde. Bevor er sich in den Strudel der revolutionären Bewegungen von 1848 warf, studierte

Bakunin die Philosophie Hegels, hörte in Berlin bei Schelling. Mit dem Romantiker Karl August Varnhagen von Ense verband ihn enge Freundschaft. In dessen Kreis trat er mit deutschen Romantikern wie Bettina von Arnim und anderen in Kontakt, deren geistiger Welt er näher steht als der französischen Aufklärung. In seinen philosophischen Fragmenten vertritt Bakunin einen Materialismus, der der Materie eine geheimnisvolle Kraft zu schöpferischer Entwicklung zuschreibt, die im Menschen und seiner Freiheit gipfelt. In seinem philosophischen Ansatz berührt sich der Revolutionär mit dem Konservativen Novalis.

Gegenüber dem genialen Revolutionsentwurf Bakunins ist die utilitaristische Werttheorie, die sein Landsmann und Fortsetzer Peter Kropotkin in seiner *Ethik* darlegt, langweilig und philosophisch belanglos. In seinen unter dem Titel *Die moderne Wissenschaft und die Anarchie* gesammelten Aufsätzen vertritt der Russe die These, daß die Fortschritte der modernen Naturwissenschaften die Menschheit aus ihrer Natur heraus zu Freiheit und solidarischer Ordnung führen würden. Daß in einem, um ein mathematisches Bild zu gebrauchen, eindimensionalen, vom Kausalgesetz total beherrschten Weltbild, das allein naturwissenschaftlich erfaßt werden kann, für den Begriff der Freiheit gar kein Platz ist, wird ihm nicht bewußt.

Doch liegt Peter Kropotkins Bedeutung als anarchistischer Sozialist auf einer anderen Ebene. Der Dichter Iwan Turgenjew sagt von ihm, daß er der Mensch, den Leo Tolstoi theoretisch postuliert habe, von Natur gewesen sei.

Diese menschliche Bedeutung Kropotkins kommt in zwei seiner Bücher zum Ausdruck. In seinen *Memoiren eines Revolutionärs* und der *Gegenseitigen Hilfe in der Tier- und Menschenwelt*.

Kropotkins sachlich erzählte Erinnerungen hat man zu den größten Memoiren der Weltliteratur gezählt, wahrscheinlich nicht, weil dieses Buch ein Kunstwerk wäre, sondern weil das Leben dieses Russen selbst einem Kunstwerk gleichkommt.

Deutschen protestantischen Theologen begegnet dieser Anarchist nicht mit wissenschaftlichen Argumenten, sondern mit einem Zitat aus Goethes *Faust*:

Wenn ihrs nicht fühlt, ihr werdets nicht erjagen,
wenn es nicht aus der Seele dringt
und mit urkräftigem Behagen
die Herzen aller Hörer zwingt.
Sitzt ihr nur immer! Leimt zusammen!
Braut ein Ragout aus anderer Leute Schmaus.
Und blast die kümmerlichen Flammen
aus eurem Aschenhäufchen raus!
Bewunderung von Kindern und von Affen,
wenn euch danach der Gaumen steht –
Doch werdet ihr nicht
Herz zu Herzen schaffen,
wenn es euch nicht von Herzen geht.

Das ist Kropotkins Stärke.

Die *Gegenseitige Hilfe in der Tier- und Menschenwelt* hat wahrscheinlich wie wenig Bücher zur Formung der sozialistischen Idee beigetragen. Dem Namen nach weniger bekannt als Marxens *Kapital* wurde Kropotkins Buch auch von Nicht-Anarchisten weit mehr gelesen. Aufgrund zahlreicher Naturbeobachtungen und historischer Quellenstudien von den Symbiosen niederer Tiere über die Einrichtung primitiver Völker, die Gilden und die Föderationen mittelalterlicher Stadtbürger und Bauern bis zu modernen wirtschaftlichen Selbsthilfe- und Lebensrettungsgesellschaften sucht er den Nachweis zu erbringen, daß ohne die Voraussetzung einer gegenseitigen Hilfe kein Leben und erst recht keine Höherentwicklung möglich sei. „Es gehört zur Natur des Menschen", sagt er, „daß er nicht fähig ist, Hilfeschreie zu hören, ohne Hilfe zu bringen." Diese Überzeugung illustriert er in seinen Memoiren mit einem Ereignis, dem er als junger Militärkadett am Zarenhof beigewohnt hatte. Ein revolutionärer Terrorist eilt dem Opfer eines Attentats zu Hilfe. Er hat noch die Bombe unter dem Arm, die er im Falle eines Versagens seines Kameraden selbst geworfen hätte.

Es handelt sich um eine seriöse wissenschaftliche Studie, in der nichts behauptet wird, was nicht durch Beobachtungen und Nachweise belegt wäre. Doch ist es mehr als Wissenschaft, denn was Kropotkin sieht, besteht immer nur als Möglichkeit. Andere haben gesagt: „Der Mensch ist dem Menschen ein Wolf" und hatten auch recht.

Reizvoll ist ein Vergleich dieses Buches mit einer in unseren Tagen geschriebenen Studie. Ich meine *Masse und Macht* von Elias Canetti. Ebenfalls mit zoologischen, ethnologischen und historischen Beispielen wird hier genau das Gegenteil von dem, was der Russe meinte, dargelegt. Canettis Schrift ist tief pessimistisch und in ihrer Art ebenfalls anarchistisch, da sie die Macht von ihrer negativsten Seite zeigt. Jeder sucht hier jeden zu beherrschen, und um zu überleben, leistet man sich keine gegenseitige Hilfe, sondern man bringt sich gegenseitig um. Dieses Buch konnte erst nach Hitler und Stalin geschrieben werden, und ein Kropotkin wäre heute nicht mehr denkbar.

Doch tut das dem Wert seines Buches keinen Abbruch. Indem der Russe sagt: „Der Mensch ist dem Menschen ein Freund", sagt er in Wirklichkeit: „Der Mensch kann und soll dem Menschen ein Freund sein."

Nicht in einem dogmatischen, sondern in einem ethischen Sinne handelt es sich um ein ausgesprochen christliches Buch.

Wissenschaftsgläubiger Atheist wie Kropotkin war dessen Zeitgenosse und Freund, der Verfasser einer monumentalen Weltgeographie, Elisée Reclus.

Mit dem Christentum stand der Anarchismus dieses Atheisten insofern in Beziehung, als sein Vater, Paul Reclus, protestantischer Pfarrer war, der ihm und seinem älteren Bruder Elie in diesem Glauben erzogen hatte. Über seine Jugend schrieb der ältere der beiden Brüder: „Seit meiner Geburt und vielleicht auch schon vorher hatte mein Vater glühenden und aufrichtigen Glaubens mich dazu bestimmt, Verbreiter des Evangeliums nach Calvin oder vielleicht nach Wesley zu werden. Noch als Kind wurde ich mit christlicher Lehre durchsättigt, in eine Schule mährischer Brüder und in ein protestantisches Collège geschickt... Trotzdem protestierte, was ich von Vernunft hatte, erst dumpf, dann entschieden gegen zwei Dogmen, die man mir als wesentlich bezeichnete: die wörtliche oder buchstäbliche Inspiration der Heiligen Schrift und die ewige Hölle."

Der Briefwechsel zwischen beiden Brüdern, die die Namen der Propheten Elias und Elisa trugen, zeigt deutlich, wie die Jugenderfahrungen in einer pietistischen Gemeinschaft, auf deren Ursprung wir noch zu sprechen kommen, positiv als Erlebnis einer solidarischen Gemeinde und negativ als Abschreckung durch unmenschliche Dogmen, die psychologische Grundlage zur Entwicklung des anarchokommunistischen Ideals wurden.

Dieses Ideal beschreibt Elisée im Alter folgendermaßen: „Die Konservativen irrten nicht, als sie die Revolutionäre im allgemeinen 'Feinde der Religion, der Familie und des Eigentums' nannten, sie hätten uns auch Feinde des politischen Vaterlandes nennen können. Ja, die Anarchisten weisen die Autorität des Dogmas und das Dazwischentreten des Überirdischen in der Natur zurück, und in diesem Sinne, welchen Eifer sie auch im Kampfe für ihr Ideal der Brüderlichkeit und Solidarität anwenden, sind sie Feinde der Religion. Ja, sie wollen die Abschaffung des Heiratsschachers, sie wollen die freie Vereinigung, die nur auf gegenseitiger Liebe und Achtung vor sich selbst und dem nächsten beruht, die ihr Leben mit ihnen verbunden haben, sind sie Feinde der Familie. Ja, sie wollen die Beseitigung der Aneignung des Bodens und seiner Produkte, um diese allen zurückzugeben, und in diesem Sinne, wie glücklich sie auch sein mögen, allen die Früchte des Bodens zu sichern, sind sie Feinde des Eigentums.

Wie tief endlich ihr Solidaritätsgefühl mit ihren Nachbarn sei, wie lebhaft ihr Wunsch, ihr Dorf und ihre Heimat glücklich zu sehen, wie süß ihnen die Muttersprache klingt, hassen sie nicht den Fremden, sehen einen Bruder in ihm und verlangen für ihn und für sich dieselbe Gerechtigkeit und Freiheit. Und in diesem Sinne sind sie Feinde des politischen Vaterlandes".

Das ist christlich inspirierter reiner Idealismus im Gewand von religionsfeindlicher Wissenschaftsgläubigkeit.

Bei anderen floß die transzendentale Inspiration aus direkt jüdischer Überlieferung. Der nach England emigrierte deutsche Anarchist Rudolf Rocker fand im Londoner East End* eine anarchistische Arbeiterbewegung von aus Osteuropa eingewanderten Juden, die sich von der Religion ihrer Väter abgewandt hatten, aber nicht von deren messianischen Hoffnung auf den Anbruch eines Reiches der Gerechtigkeit und des Friedens.

Der russisch-amerikanische Anarchist Alexander Berkman verbrachte viele Jahre in einem Gefängnis der Vereinigten Staaten, weil er auf einen Arbeitgeber, der durch seine Privatpolizei unter streikenden Arbeitern ein Blutbad anrichten ließ, ein Attentat verübt hatte.

In seinem *Die Tat* überschriebenen Erinnerungsbuch berichtet dieser atheistische Anarchist von einem verräterischen Traum, über dessen Bedeutung er sich anscheinend keine Rechenschaft ablegt. Er sah sich als Kind im chassidischen Bethaus in seinem russischen Heimatstädtchen inbrünstig für das Kommen des Messias beten.

Die Anarchistin Louise Michel, die von französischen Arbeitern wie eine Heilige verehrt wurde, führt ihr revolutionäres Temperament auf zwei entgegengesetzte Erziehungseinflüsse zurück: „Ich vernahm gleichzeitig die exaltierten Worte meiner katholischen Tante und die kritischen meiner voltairianischen Großeltern. Ich suchte, von seltsamen Träumen bewegt, wie der Adler im Wirbelsturm nach dem Nordwind. Der rettende Wind war die Revolution."

Solche Beispiele von sich selbst verkennender transzendentaler Motivierung von Anarchisten könnte man vermehren. Man könnte an den Pfarrer und späteren Anarchisten Domela Niuwenhuis denken, aber auch an jenen Curé Méslier, der im 17. Jahrhundert unter armen Bauern eines Dorfes in der Champagne zeitlebens seine menschenfreundliche Christenpflicht erfüllte, aber ins-

---

* siehe: Peter Wienand, *Der „geborene" Rebell: Rudolf Rocker – Leben und Werk*, Karin Kramer Verlag, Berlin 1981

geheim ein Testament aufbewahrte, in dem er bekannte, weder an geistliche, noch weltliche Autorität, noch an Gott selbst zu glauben.

Hören wir ihn selbst: „Wie kann man sich einen Gott denken, der so barbarisch ist, uns zu verdammen... Ein Sohn kann seinen Vater nicht lieben, wenn dieser so grausam ist, ihm die ausgesuchtesten Qualen zu bereiten, mit denen er ihn für die kleinsten Fehler, die er begangen haben soll, bestraft... Welches Motiv kann solch ein Gott haben? Indem er seine Opfer foltert, foltert er Wesen, die weder seine Macht ernstlich gefährden, noch seine ewige Seligkeit stören könnten..."

Ist das Aufklärung oder Prophetie? Mir scheint, daß aus den Worten dieses geistlichen Rebellen der Ton des Buches Hiob herauszuhören ist.

Für den atheistischen Anarchisten ist Gott der große Tyrann, der allmächtige Herrscher im Himmel und auf Erden, der seine Macht über die Menschen an geistliche und weltliche Herrscher und Bevorrechtete delegiert. Es handelt sich ganz einfach um die Umkehrung der Idee der Regierung von Gottes Gnaden, die während Jahrhunderten von Kirche und Staat nicht zu trennen war und heute in bürgerlicher oder sich proletarisch nennender philosophischen Hülle weiterlebt. Nicht zu Unrecht finden Liberale und Anarchisten diese Idee schon in der biblischen Überlieferung verankert. Doch kennt dieselbe biblische Überlieferung auch deren Verneinung in Form der Auflehnung gegen etablierte geistliche und soziale Hierarchie.

Diese Auflehnung geschieht auf zweifache Weise.

Sie geschieht einerseits im Namen Gottes gegen irdische Macht, die sich zu Unrecht auf Gott beruft. Sie geschieht andererseits im Namen der leidenden Menschheit gegen Gottes Allmacht selbst.

Die ersten biblischen Anarchisten waren Korah und seine Rotte, die sich gegen den Führungsanspruch des Moses auflehnten.

„Und sie versammelten sich wider Moses und Aron und sprachen: 'Ihr macht zu viel. Denn die Gemeinde ist überall heilig, und der Herr ist unter ihnen. Warum erhebt ihr euch über die Gemeinde des Herrn?'"

Gott selbst entscheidet den Streit, indem er sich auf die Seite des von ihm bestellten Repräsentanten stellt und die Empörer lebendigen Leibes in die Hölle fahren läßt.

Rebellische Töne finden sich auch bei manchen Propheten, die den Anspruch erheben, die Stimme Gottes ohne Vermittlung durch eine autorisierte Instanz direkt zu vernehmen.

So der Prophet Zefanja: „Ihre Fürsten sind brüllende Löwen und ihre Richter Wölfe am Abend, die nichts bis auf den Morgen übrig lassen. Ihre Propheten sind leichtfertig und Verächter, ihre Priester entweihen das Heiligtum und deuten das Gesetz freventlich..."

Anders Hiob, der sich im Namen der Gerechtigkeit gegen Gott selbst auflehnt: „Dieser stirbt frisch und gesund in allem Reichtum und voller Genüge. Sein Melkfaß ist voll Milch und seine Gebeine genährt mit Mark. Jener aber stirbt mit betrübter Seele und hat nie mit Freuden gegessen, und liegen gleich mit einander in der Erde und Würmer decken sie zu... Man reißt das Kind von den Brüsten und machts zum Waisen und macht die Leute arm mit Pfänden. Den Nackten lassen sie ohne Kleider gehen und den Hungrigen nehmen sie ihre Garben. Sie zwingen sie, Öl zu machen auf ihre Mühle und ihre Kelter zu treten und lassen sie Durst leiden. Sie machen die Leute in der Stadt seufzend und die Seele der Erschlagenen schreiend, und Gott stürzt sie nicht..."

Hiob läßt sich von seinen Freunden, die ihm Gottes Gerechtigkeit predigen, von seiner Auflehnung nicht abhalten. Der Schluß ist paradox. Gott selbst tritt dazwischen. Er will von seinen Fürsprechern nichts wissen und gibt ihnen Unrecht, demonstriert aber seine über alles menschliche Empfinden und Denken erhabene Allmacht.

Von ihm läßt sich Hiob mehr überwältigen als überzeugen.

Den Faden nimmt Iwan Karamasow in Dostojewskis Roman wieder auf, indem er seinem frommen Bruder erklärt, Gottes Schöpfung abzulehnen, solange ein einziges unschuldiges Kind mißhandelt werde: „Ich will keine Harmonie, aus Liebe zur Menschheit will ich keine. Lieber bleibe ich bei ungerächtem Leiden und in meinem unstillbaren Zorn, selbst wenn ich nicht im Recht wäre. Wenigstens erlaubt es mein Beutel nicht, so viel für den Eintritt zu bezahlen... Nicht Gott ist es, den ich ablehne, Aljoscha, ich schicke ihm nur meine Eintrittkarte ergebenst zurück."

„Das ist Empörung", sagte Aljoscha leise mit gesenktem Blick.

Empörer gegen Gottes Ungerechtigkeit ist aber auch Kain, der seinen Bruder erschlägt, weil Gott dessen Opfer annimmt, während er seines verwirft. Dafür wird er von Gott verflucht. Doch, wiederum zweideutig, versieht er ihn mit einem Schutzzeichen, mit den Worten: „Wer Kain totschlägt, der soll siebenfältig gerächt werden." Ich verzichte auf eine theologische Interpretation dieser verzwickten Kriminalgeschichte, möchte aber auf den deutschen anarchistischen Dichter Erich Mühsam hinweisen, der in Kain weniger den Brudermörder als den Empörer gesehen hat und darum seine *Zeitschrift für Menschlichkeit* nach ihm benannte. In unseren Tagen hat Albert Camus in seinem *Der Mensch in der Revolte* das Thema wieder aufgenommen.

Eine Dissertation über Hierarchie und Anarchie in der Bibel würde Bände füllen. Beide sind da, gleich zwei Polen, zwischen denen sich ein hochspannendes geistiges Drama abspielt.

Ein anarchistisches Element steckt ohne Zweifel in der von den Voraussagen des Propheten Jesaja geweckten Endzeiterwartung: „Denn von Zion wird das Gesetz ausgehen und des Herrn Wort von Jerusalem – dann werden sie ihre Schwerter zu Pflugscharen und ihre Spieße zu Sicheln machen. Denn es wird kein Volk wider das andere ein Schwert aufheben und werden hinfort nicht mehr kriegen lernen."

Doch bleibt die Frage offen, mit welchen Mitteln dieser paradiesische Zustand herbeigeführt werden soll. Einer gewaltlosen und freiheitlichen Interpretation dieser

Verheißung steht eine gewaltsame und in ihrem Wesen autoritäre gegenüber, die vor allem in der *Offenbarung* des Johannes ihren literarischen Niederschlag gefunden hat.

Sowohl Anarchisten wie auch Repräsentanten totalitärer Systeme können sich auf Jesaja berufen.

Anarchistisch im konsequentesten Sinne sind die Worte Jesu: „Ich aber sage Euch, daß ihr nicht widerstreben sollt dem Übel, sondern so dir jemand einen Streich gibt auf den rechten Backen, dem biete auch den anderen dar, und so jemand mit dir rechten will und deinen Rock nehmen, dem laß auch den Mantel, und so dich jemand nötigt, eine Meile zu gehen, gehe mit ihm zwei."

Dazu macht der Herausgeber der *Stuttgarter Bibel* die naive Anmerkung: „Was für die Rechtspflege gilt – genaue Widervergeltung –, das darf nicht aufs Privatleben angewendet werden." Der biedere Kirchenmann möchte, daß die Kirche im Dorf bleibt, und will darum nicht sehen, daß sein Meister hier für eine vom Privatleben gesonderte Rechtspflege gar keinen Raum läßt. Doch konnten die wahrscheinlich ironisch gemeinten Worte Jesu: „Gebt dem Kaiser, was des Kaisers ist, und Gott, was Gottes ist" verschieden bis gegensätzlich interpretiert werden. Sie halfen aber wie kein anderes Wort dem durch Kaiser Konstantin zur Staatsreligion erhobenen Christentum, seinerseits mit dem Staat seinen Frieden zu machen. Von diesem Zeitpunkt an waren antihierarchische Strömungen von der Kirche verworfene und verfolgte Randerscheinungen.

Mich in das Labyrinth mittelalterlicher Ketzerbewegungen zu begeben, würde den Rahmen dieses Vortrags sprengen. Diese, von der Kirche aus gesehen ketzerischen Randerscheinungen lassen sich in zwei Hauptströmungen gliedern – die Gnostiker und die Chiliasten. In der ersten Strömung verkörpert sich in der Nachfolge Hiobs die Auflehnung gegen den Schöpfer dieser Welt des Leidens. Manche halfen sich, um dem Problem der Theodizee gerecht zu werden, damit, daß sie zwischen einem für die Schöpfung dieser Welt verantwortlichen

Gott und dem von Christus offenbarten Gott der Erlösung von dieser Welt unterschieden.

Die Chiliasten lehnten sich mit den Propheten im Namen Gottes gegen die bestehende soziale Ordnung auf und hielten an der nahen Wiederkunft Christi, an der Erwartung der unmittelbar hereinbrechenden Endzeit, die sie sich als tausendjähriges Reich der Gerechtigkeit und des Friedens dachten, fest.

Unter diesen letzteren gab es dann wieder solche, welche sich diesen Sieg Christi auf Erden mit der Offenbarung Johannes als einen kriegerischen und blutigen, und andere, die ihn als einen friedlichen Vorgang der Vergeistigung von Welt und Gesellschaft dachten. Die ersteren kann man simplifizierend als die Väter des modernen autoritären Kommunismus, die letzteren als die eines freiheitlichen Sozialismus bezeichnen.

Gnostische und chiliastische Elemente vereinigte die Theologie des Joachim, eines calabresischen Mönches, der im 12. Jahrhundert das Kloster von Floris gründete.

Noch im Einvernehmen mit dem Papsttum predigte Joachim seinen Mönchen die Lehre von den drei Evangelien, die später unter dem Namen des *Ewigen Evangeliums* als ketzerisch erklärt wurde. Nach dieser Lehre war das erste Evangelium das des Vaters, d. h. das Gesetz Moses, das unter Androhung schwerer Strafen befolgt werden mußte. Christus, der Sohn, brachte das zweite Evangelium, welches durch die Gnade seiner Worte die kalte Strenge des Gesetzes milderte. Aber noch immer blieb der Mensch gebunden an Wort und Schrift. Eigentliche Befreiung sollte ihm das dritte Evangelium bringen, dessen Anbruch der Mönch in seiner Zeit verkündete. Es ist das Evangelium des Geistes – angekündigt und vorbereitet durch die zwei ihm vorangegangenen Evangelisten –, in dem sich der heilige Geist als freie, schöpferische Kraft in jedem Individuum manifestiert. Mission des dritten Menschen ist die Schöpfung einer neuen Welt in der in ihm erschlossenen Freiheit.

Aus dieser Vision nährten sich alle christlichen Strömungen des späteren Mittelalters und der Reformationszeit, welche als Erkenntnis und Glaubensquelle nicht den Buchstaben des Bibelwortes, sondern allein das intuitive Erleben des Menschen in seiner Freiheit gelten ließen.

Von hier aus geht ein Weg zur Mystik, aber auch zum Rationalismus. Spuren Joachims finden wir daher auch bei manchen Aufklärern, vor allem bei Lessing, und erst recht bei den frühen Sozialisten und Anarchisten des 19. Jahrhunderts. Besonders deutlich scheinen sie mir in der Geschichtsschau Proudhons. So spukt Joachim auch bei autoritären Denkern wie Hegel und Marx, denn Joachims Objektivierung von Vater, Sohn und Geist in drei zeitlich begrenzte Etappen läßt sich auch historistisch deuten. Es ging dieser Idee nicht anders als allen historischen und ideologischen Objektivierungen existentieller Gedanken und Strebungen. Man verwandte das Gegenteil von dem, was man erreichen wollte, als Mittel zum Zweck, wobei sich in der Realität das schlechte Mittel stärker erwies als das erstrebte gute Ziel.

So finden wir schon bei manchen Ketzern des Mittelalters und der Reformationszeit die Idee der Gewissensfreiheit von Terror und Diktatur als Mittel zur Herbeiführung der Endzeit überwuchert.

Es gab aber auch die friedlichen. Von diesen weiß man im allgemeinen weniger als von den kriegerischen, weil sie weniger Lärm machten, was aber nicht heißt, daß sie historisch bedeutungsloser gewesen wären.

Reiner Anarchist war im 15. Jahrhundert der Tscheche Peter Chelcicki. Über sein Leben wissen wir wenig. Er soll Bauer gewesen sein, nach anderer Quelle war er Schuhmacher wie Jakob Böhme.

Inmitten der Hussitenkriege predigte er dem Volk ein Christentum ohne Priester, Herren und Knechte. In sozialer und geistlicher Hinsicht war er radikaler als seine hussitischen Glaubensgenossen. Er wollte die totale Gleichheit und verwarf jede Gliederung in soziale Stände. Unter Christen, meinte er, seien weder Staat noch Gesetze notwendig. Doch wandte er sich gleichzeitig im Namen des Evangeliums gegen jede Gewaltanwendung und geschehe sie zur Verteidigung gegen gewaltsame Angriffe.

Interessant ist, daß sich die Gewaltfreiheit als zäher und wirkungsvoller erwiesen hat als die Gewaltanwendung. Während die kriegerischen hussitischen Parteien nach ihrer definitiven Niederlage im Dreißigjährigen Krieg untergegangen sind, erfuhren die auf der Predigt Chelcickis fußenden böhmischen und mährischen Brüder eine geistige Kontinuität. Aus dieser Bewegung ist der große Pädagoge Johann Amos Comenius hervorgegangen, der mit seinem *orbis pictus* eine Brücke zur Aufklärung schlug. Mährische Brüder, die nach Deutschland auswanderten, bildeten den Grundstock der vom Grafen Zinzendorf gegründeten Brüdergemeinde und beeinflußten den vom strengen Luthertum abweichenden deutschen Pietismus. Wir haben darauf hingewiesen, daß die Brüder Reclus bei den mährischen Brüdern zur Schule gegangen sind, womit der Zusammenhang von scheinbar auseinanderliegenden geistigen Welten sichtbar wird.

Nicht besser, scheint es mir, könnte man Peter Chelcicki charakterisieren, als dies Carl Vogl in seiner Biographie tut: „Will man Chelcicki einen Anarchisten nennen, so ist dagegen nichts einzuwenden, sofern man das Wort im lautersten und gehobensten Sinne meint. Ein christlicher Anarchist, der kein Gesetz, keine Herrschergewalt über sich anerkennt als Gottes Gebot allein, ein Innenmensch, dem das Äußere nur Zeichen, Ausdruck, Folge eines heiligen Innenseins ist: Gerechtfertigt sinn- und wertbetont eben dadurch allein. Als wahrhaftiger Christenmensch ist Chelcicki hinaus über die Schranken, die den Menschen sonst umgeben und halten: über hier und dort, heute und gestern und morgen, über Volkstum und Landbereich. Einzig der Mensch mit seiner ewigkeitsorientierten unsterblichen Seele."

Muß man da nicht unwillkürlich an Immanuel Kants menschlichen Idealtypus denken, der den bestirnten Himmel über sich und das moralische Gesetz in sich weiß? Allerdings hat der deutsche Philosoph aus dieser transzendental-philosophischen Einsicht keine anarchistische Folgerung gezogen. Dies tat der Kantianer Leo Tolstoi.

Doch bleiben wir noch einen Moment an der Wende des Mittelalters zur Neuzeit!

Eine der früheren Schriften Martin Luthers, die von der Freiheit eines Christenmenschen handelt, beginnt mit den Worten: „Ein Christenmensch ist ein freier Herr über alle Dinge und niemandem untertan. Ein Christenmensch ist kraft der Liebe ein Knecht aller Dinge und jedermann untertan."

Diesen wahrhaft revolutionären Satz hat er später verleugnet.

Gegen Erasmus von Rotterdam schrieb er eine Kampfschrift mit dem Titel: *Vom knechtischen Willen*, in der er den Willen des Menschen dem Willen eines absolut herrschenden Gottes unterwirft und der menschlichen Freiheit keinerlei Spielraum läßt. Gleichzeitig anerkannte er das Recht der Landesfürsten auf politische Herrschaft und wirtschaftliche Vorrechte und wandte sich mit brutaler Gewalttätigkeit gegen die ihr Recht fordernden Bauern.

Eine Zeit des Umbruchs, wie sie das 16. Jahrhundert war, ruft nach gewaltsamer Auseinandersetzung, nach neuen Autoritäten und Dogmen und in ihrem Gefolge nach neuen herrschenden Klassen und Privilegien. So wurde die katholische Kirche dort, wo sie unterlag, von neuen Autoritäten und Kirchen abgelöst, die sowohl untereinander als auch gegenüber denjenigen, die sie abgelöst hatten, ebenso intolerant waren wie diese.

Dasselbe muß man von gewissen Täufern sagen, die das Reich Gottes mit Gewalt herbeiführen wollten, wie Thomas Müntzer, der erklärte, man müsse die Gottlosen mit der Schärfe des Schwertes ausrotten.

Doch gab es auch in dieser bewegten Zeit unter Mystikern und Humanisten Randerscheinungen, die mit der Freiheit eines Christenmenschen Ernst machen wollten. Zu diesen gehörte der Deutsche Sebastian Frank, der Spanier Miguel Servet, der seine Konsequenz auf dem Scheiterhaufen Calvins büßte, und der Savoyarde Sebastian Castellio.

Der letztgenannte schleuderte von Basel aus Calvin, dem Genfer Terroristen, die Worte ins Gesicht: „Einen

Menschen töten heißt ganz einfach einen Menschen töten und nicht eine Lehre verteidigen."

Das „innere Licht" wurde ein Jahrhundert später Leitsatz der Quäker. Die von Männern wie John Fox und William Penn inspirierte Quäkerbewegung entstand während der puritanischen Revolution Oliver Cromwells als Opposition gegen einen erstarrten, mit blutiger Intoleranz Hand in Hand gehenden Buchstabenmoralismus, sowohl des Katholizismus als auch des Protestantismus. Die Quäker schafften unter sich die Priesterhierarchie ab und anerkannten in der Nachfolge Castellios als Autorität allein die vom heiligen Geist dem Gläubigen eingegebene innere Erleuchtung. Auch die von den Protestanten behauptete letzte Autorität der Bibel lehnten sie insofern ab, als sie unter Gottes Wort nichts Geschriebenes, sondern ein inneres Wort verstanden, das zu vernehmen für das Verständnis der heiligen Schriften Voraussetzung sei. Mit der kirchlichen Hierarchie verwerfen die Quäker auch die weltliche. Sie lehnen jede Gewalt ab, weigern sich, Kriegsdienst zu leisten und dem Staat Treue zu schwören.

Revolutionär war nicht nur Castellios mutiges Eintreten für die Gewissensfreiheit, sondern auch seine Ansicht über die richtige Auslegung der Bibel. Im Sinne des Pauluswortes: „Der Buchstabe tötet, aber der Geist macht lebendig" kämpfte er gegen den Buchstabenglauben. Er bezeugte in mehreren theologischen Schriften die Auffassung, daß man die Heilige Schrift nur deuten könne, wenn man dabei von der eigenen Vernunft geleitet werde. Den vielsinnigen Ausdruck Vernunft verstand er als eine innere spontane Erleuchtung. Von dieser Auffassung aus gingen historische Wege sowohl zur Aufklärung, zu Descartes, Spinoza, Kant, als auch zur Mystik, zu Böhme, Schelling, Bergson.

Ein Quäker soll einmal vor Gericht gesagt haben: „Solange ein einziger Mensch im Gefängnis sitzt, bin ich nicht frei."

Wie sehr erinnert doch dieses Wort eines Christen an

den Passus im *Revolutionären Katechismus** des Heiden Bakunin: „Der Mensch ist nur unter in gleicher Weise freien Menschen wirklich frei, und da er nur in seiner Eigenschaft als Mensch frei ist, ist die Knechtschaft eines einzigen Menschen auf der Erde als Verletzung des Prinzips der Menschheit selbst eine Negierung der Freiheit aller."

Mit den Quäkern geistig verwandt sind die russischen Duchoborzen, eine Sekte von Bauern, die nach urchristlichem Muster in Wirtschaftsgemeinschaften zusammenlebten und sich weigerten, an der Staatsgewalt irgendeinen Anteil zu nehmen. Vom Zarismus verfolgt, fanden sie eine Heimstätte in Kanada, die noch heute besteht.

Auf diesem Boden wuchs die Weltanschauung Leo Tolstois. Wir haben ihn bereits als Kantianer bezeichnet und damit angedeutet, daß ihm das Studium der europäischen Philosophie dabei half, zu urchristlichen Gedanken zurückzufinden. Über die existentiellen Kämpfe des Russen mit sich selbst und der Welt geben seine Tagebücher und insbesondere seine *Beichte* Auskunft. Zu einem konsequenten gewaltfreien Anarchismus bekennt sich Tolstoi erst in seinen Altersschriften. Die hier formulierten Grundsätze lassen sich mit zwei biblischen Sätzen zusammenfassen: „Trachtet nach dem Reich Gottes und seiner Wahrheit, dann wird euch alles übrige zufallen." Und: „Du sollst dem Übel nicht mit Gewalt widerstehen." Alles, was die Bibel sonst noch sagt, erscheint diesem Propheten als belangslos und unnütz.

Unter den anarchistischen Ideologen des 19. Jahrhunderts ist Tolstoi ohne Zweifel der folgerichtigste. Die anderen haben die Gewalt als befreiende Kraft verherrlicht oder aber mit ihr zumindest Kompromisse geschlossen.

Und diese Kompromisse haben sie in der Stunde der Wahrheit zu Kompromissen mit Politik, Autorität und Staat geführt. Spanien ist dafür ein lebendiges Beispiel.

---

* siehe: Michael Bakunin, *Gewalt für den Körper, Verrat für die Seele? Ein Brief von Michael Bakunin an Sergej Netschajew. Eine Debatte über Ethik und Moral der Revolutionäre und den Revolutionären Katechismus*, Karin Kramer Verlag, Berlin 1980

Nur wer kompromißlos gewaltfrei ist, kann auch den Staat kompromißlos ablehnen.

Doch hat diese christlich-anarchistische Konsequenz, wie mir scheint, auch ihre Kehrseite. Ich will nicht von Tolstois radikaler Ablehnung der Geschlechtsliebe sprechen. Daß er diese Ablehnung konsequent auch auf die Ehe ausdehnt, ermangelt nicht der Größe. Diese Größe, wie sie in der Novelle *Die Kreutzersonate* formuliert wird, ist übermenschlich und darum nach meinem Empfinden auch unmenschlich.

Aber hat nicht auch die Forderung nach totaler Gewaltfreiheit eine unmenschliche Kehrseite? Der russische linke Sozialrevolutionär Isaac Steinberg schreibt in seinem lesenswerten Buch über *Gewalt und Terror in der Revolution**, die Tolstoianer seien gegenüber dem Terror der Bolschewiki seltsam indifferent gewesen, da sie ja zwischen Terror und legitimer Gewaltanwendung keinen Unterschied gemacht hätten. Man darf dabei auch an Mahatma Gandhi denken, der die rigorose tolstoianische Gewaltlosigkeit im Kampf um sein nationales Ziel einsetzte. Im Zusammenhang mit der Rechtfertigung seiner Ablehnung, am Zweiten Weltkrieg auf der Seite der Alliierten teilzunehmen, mutete er den Juden in Hitlers Machtbereich zu, kollektiven Selbstmord zu begehen.

Spricht man vom religiösen Anarchismus, so kann man auch an Simone Weil nicht vorbeigehen. Diese eigenartige und eigenwillige Persönlichkeit kann man nirgends einordnen, weder im Christentum, noch im Anarchismus. Doch ist ihr Leben und Denken christlicher als ein landläufiges Christentum und anarchistischer als das mancher Anhänger eines anarchistischen Systems.

Aus wohlhabender jüdischer Familie stammend, verzichtete Simone Weil schon als Universitätsdozentin auf ihre sozialen Privilegien und trat als anonyme Hilfsarbeiterin in einen Betrieb ein. Ihre Erfahrungen schildert sie in Aufzeichnungen, die später unter dem Titel *La question ouvrière* publiziert worden sind. Auf die sich in diesem Buch aussprechende Sozialkritik mit ihren psychologischen Feinheiten einzugehen, muß ich mir versagen.

* Karin Kramer Verlag, Berlin 1981

Durch ihre Artikel wurde die Autorin bei der französischen Arbeiterschaft schnell populär. Als Anhängerin des revolutionären Syndikalismus ging sie im Sommer 1936 nach Spanien. An der aragonischen Bürgerkriegsfront wurde sie von den unter Buenaventura Durruti kämpfenden anarchistischen Milizen wie eine Heilige verehrt. Doch wurde sie gleichzeitig von dem mit diesem Einsatz verbundenen Terrorismus abgestoßen. Ihre Kritik formulierte sie vorbehaltlos in einem offenen Brief an den katholischen Schriftsteller Bernanos,* der seinerseits in seinem Buch *Die großen Friedhöfe unter dem Mond* den Terror der Franco-Truppen gegeißelt hatte.

Doch unterschied Simone Weil zwischen nach ihrer Ansicht legitimer Gewaltanwendung und Terror.

Während des Zweiten Weltkrieges stand sie in London im Dienst der französischen Widerstandsbewegung. Gleichzeitig vertiefte sie sich in die griechischen Klassiker und in orientalische und christliche Mystik. Die religiösen Gedanken, die Simone Weil in der letzten Phase ihres Lebens niederschrieb, stellt sie den großen Mystikern der Vergangenheit an die Seite. Bakunin, die Brüder Reclus, Domela Niuwenhuis sind den umgekehrten Weg gegangen. Ausgehend von einem transzendentalen Erleben gelangten sie zur sozialen Revolution.

Simone Weils Ausgangspunkt war dagegen die soziale Revolution. Von ihr aus ging sie weiter zur religiösen Wahrheitssuche. Aber während die erstgenannten Revolutionäre später ihren transzendentalen Ausgangspunkt verwarfen, verlor Simone Weil als Mystikerin ihre Gesellschaftskritik nie aus den Augen. Sie soll einem Dominikaner, der sie zur Taufe bewegen wollte, erklärt haben, sie sei bereit, der Kirche beizutreten, wenn diese die Reichen von der Mitgliedschaft ausschließe.

Mit großer Deutlichkeit weist Simone Weil in einem Spätwerk auf den Widerspruch hin, der zwischen unserem gewohnten Staatsdenken und unserem christlichen Bewußtsein klafft. So ist es unseren Pädagogen selbstverständlich, die christliche Nächstenliebe als höchsten

* in: *Almanach 1985/88*, Karin Kramer Verlag, Berlin 1985

Wert zu preisen und gleichzeitig zu lehren, die Größe von Eroberern und Staatsgründern wie Alexander des Großen, Julius Cäsar und Napoleon zu bewundern. Ihre schneidende Kritik der falschen Größe macht auch vor der Überlieferung der eigenen Vorfahren nicht halt. Aus der biblischen Überlieferung legt sie nur dem Buch Hiob und einigen Propheten einen religiösen Wert bei. Daß die Eroberung von Jericho und die Vernichtung der kanaanitischen Kultur gottgewollte Taten gewesen seien, läßt sie so wenig gelten wie das sogenannte historische Verdienst der Vernichtung der keltischen Kultur durch die römischen Soldateska.

Schließlich will ich noch auf ein Beispiel christlich-anarchistischen Widerstandes von heute hinweisen. Wie Sie wissen, hat die Schweiz während des Dritten Reiches unzählige, ihr unwillkommene jüdische Flüchtlinge dem sicheren Tod ausgeliefert.

Heute wird der Schweizer Bürger von einer neuen Welle von Flüchtlingen aus südamerikanischen, osteuropäischen und asiatischen Ländern in seiner Ruhe gestört. Unter dem Druck einer breiten Bevölkerung sind die Behörden dazu übergegangen, sogenannte falsche Flüchtlinge auszuweisen, ohne daß für ihr Leben und ihre Freiheit außerhalb unserer Grenzen eine Garantie vorhanden wäre.

In dieser Situation hat sich eine schweizerische Kirchengemeinde an einen mittelalterlichen Brauch erinnert und den Gefährdeten in ihren Lokalitäten sogenanntes Kirchenasyl gewährt. Dieses Vorgehen spontaner Menschlichkeit findet in der schweizerischen Bevölkerung, auch der kirchlich orientierten, nur bei einer Minderheit Verständnis. Hier zeigt sich deutlich eine Gemeinsamkeit zwischen authentischem Christentum und folgerichtigem Anarchismus.

Für beide drängt sich heute die Verteidigung demokratischer Rechtsstaatlichkeit gegenüber der Rechtswillkür totalitärer Staaten auf.

Doch stellen sie beide ihr Gewissen auch über demokratische Mehrheitsbeschlüsse. Beide können auch in der Demokratie immer nur eine Minderheit repräsentieren. Aber die Existenz dieser Minderheiten wird für die Demokratie immer notwendig sein, soll sie nicht zu einem leeren Wort werden.

Ich komme zum Schluß.

Meine historischen Hinweise haben verschiedene Fragen und Probleme aufgeworfen, Widersprüche festgestellt, ohne sie zu lösen.

In den paar Minuten, die mir bleiben, will ich versuchen, einen eigenen, immer vorläufigen Standort inmitten dieser Fragen, Probleme und Widersprüche anzudeuten.

Martin Buber, der ein Freund Gustav Landauers war und mit seiner Schrift *Pfade in Utopia* einer der besten und anregendsten Würdigungen des freiheitlichen Sozialismus geschrieben hat, sagt in einem Brief vom 22. September 1963, auf den Anarchismus angesprochen: „Der Begriff des Anarchismus sagt mir nicht zu, weil er auf eine Aufhebung des Machtverhältnisses hindeutet, die unmöglich ist, solange der Mensch ist, wie er ist, statt auf eine jemals mögliche Abgrenzung und Beschränkung dieses Verhältnisses."

Die Skepsis gegenüber einer absoluten Lösung, die aus diesem Satz spricht, scheint mir realistisch und vernünftig.

Auch namhafte Anarchisten haben so gedacht. So sagt Proudhon in irgendeinem Zusammenhang: „Qui veut tout faire par la liberté, la diminue, qui l'oblige à transiger, la double", das heißt: „Wer alles durch die Freiheit machen will, vermindert sie. Wer sie zu Kompromissen benötigt, verdoppelt sie." Die Geschichte der Ideologien sollte uns gelehrt haben, daß jeder religiöse oder ideologische Fundamentalismus Gefahr läuft, in Terror und Tyrannei umzuschlagen. Persönlich glaube ich, daß es Grenzsituationen gibt, in denen Gewalt zur Verteidigung elementarer Menschenrechte nicht ausgeschlossen werden kann.

Der schon zitierte jüdische Denker sagt an anderer Stelle: „Ich sehe keine Rettung, keine wahrhafte Hilfe, die nicht von der Person kommt. Was auf sozialem Gebiet getan wurde, ist aus persönlicher Beziehung getan worden, aus dem 'die Menge entmengen'."

Darauf kommt es letztlich an, und darum ist jeder Sozialismus, der die Freiheit der Person nicht in den Mittelpunkt seiner Bestrebungen stellt, zum Untergang verurteilt.

Wie aber kann man in sozialer Hinsicht von Freiheit reden, wenn man gleichzeitig ein kausalistisches philosophisches Weltbild lehrt, das der Freiheit der Person gar keinen Raum läßt? Das aber tun sowohl die Marxisten als auch die Anarchisten, die sich einem deterministischen Positivismus verschrieben haben. Freiheit ohne Transzendenz gibt es nicht. Die überlieferte Idee einer Allmacht Gottes und die aus dieser Idee hervorgehende Prädestinationslehre ist nun aber mit der Wirklichkeit menschlicher Freiheit ebenso unvereinbar wie ein deterministischer Naturalismus. Recht haben die Atheisten unter den Anarchisten, wenn sie in ihrer Argumentation gegen die Gottesidee die Theodizee in den Vordergrund stellen, d. h. den Widerspruch zwischen der Allmacht und der Allgüte Gottes einerseits und dem Elend auf der von ihm geschaffenen und regierten Welt andererseits. Auf dieses Argument gibt es tatsächlich nur eine gültige Antwort: Den allmächtigen Gott, der, wie es im Lied heißt, „alles so herrlich regieret", den gibt es nicht. Und insofern der Atheismus dieses Gottesbild negiert, ist er im Recht.

Aber gibt nicht Gott selbst seinem Ankläger Hiob recht gegen dessen Freunde? Und heißt es im selben Buch nicht: „Du sollst dir kein Bildnis noch irgendein Gleichnis machen!" Mit diesen Widersprüchen muß man sich auseinandersetzen.

Der deutsche protestantische Theologe Paul Tillich sieht, ihm Gegensatz zur orthodoxen Tradition, in Gott weniger eine Macht als eine Natur und Geschichte transzendierende Dimension, in der der Mensch, insofern er an ihr teilhat, frei und schöpferisch sein kann. Radikaler spricht sich der russische Religionsphilosoph Nikolai Berdjajew aus, der Gott, wörtlich, weniger Macht zugesteht als irgendeinem Polizisten.

Anknüpfend an Jakob Böhmes Vision vom Ungrund, aus dem die Schöpfung hervorgeht, postuliert Berdjajew die „ungeschaffene" oder „vorschöpferische" Freiheit als das Medium, in dem Gottes Schöpfung geschieht und an der der Mensch mitschöpferisch teilhat. Gott ist weder überirdische Macht, noch Legitimation irdischer Macht. Dieses „soziomorphe" Gottesbild ist vom politischen Menschen nach dem Muster seiner sozialen Institutionen geschaffen. Der wirkliche, transzendente Gott stellt sich dem Menschen, der von Naturgesetzen und sozialen Zwängen abhängig ist, nicht als Macht, sondern als Freiheit dar.

Wörtlich: „Gott offenbart sich der Welt in den Propheten, im Sohn, im Geist, in der geistigen Höhe des Menschen. Doch regiert Gott diese Welt nicht, die einen Sturz in äußerste Finsternis bedeutet."

Und weiter unten: „Ich zweifle nicht an der Existenz Gottes, doch habe ich Augenblicke, in denen es mich wie ein Alpdruck überkommt. Wie nun, wenn die „Rechtgläubigen", die die Beziehung zwischen Gott und Mensch soziologisch als die Beziehung zwischen Herrn und Knecht auffassen, wie nun, wenn sie recht behielten? Dann ginge alles zugrunde, dann ginge auch ich zugrunde. In der Reichweite der Religionen erscheint mir dieser Alpdruck wie das Erscheinen eines bösen Gottes, der von den Menschen aus ihrer sklavischen Empfindung heraus als guter Gott erträumt wird..."

Soweit der russische Religionsphilosoph Berdjajew. Das aber wäre ein Thema für sich. Ich möchte mit diesem kurzen Hinweis nur andeuten, welche Richtung eine wahrhafte Befreiungstheologie meiner Ansicht nach einschlagen müßte.

Meine Ausführungen über Anarchismus und Christentum schließe ich mit christlichen Versen des Anarchisten Erich Mühsam, der von den Nationalsozialisten ermordet und dessen Frau Zenzl von den Kommunisten nach Sibirien verschleppt wurde.

Ich weiß von allem Leid, fühl alle Scham
und möchte helfen aller Kreatur.
Der Liebe such ich aus dem Haß die Spur,
dem Menschenglück den Weg aus Not und Gram.
Dem Trostbedürftigen geb ich Wort und Tat.
Doch keiner war noch, der mein Wort verstand,
und keiner, der die Hand ergriffen hat.
Ich weiß vom Leide nur, fühl nur die Scham.
Und kann doch nicht Erlöser sein,
wie jener Jesus, der die ganze Pein
der Welt auf seine schwachen Schultern nahm.

IST DIE IDEE DES SOZIALISMUS NOCH ZU RETTEN?

Wir wissen heute nicht, unter welchem Aspekt eine künftige Geschichtschreibung das Jahr 1989 sehen wird.

Wird es das Jahr einer erfolgreichen demokratischen Revolution sein? Wird es das Jahr einer Befreiung sein, die auf halbem Wege stehen blieb, um wieder in eine scheinbar überwundene Knechtschaft zurückzufallen? Oder wird es als Jahr einer bloßen, mit ungenügendem geistigen Rückhalt ausgeführten Rebellion in die Geschichte eingehen, die zu nationaler Zersplitterung, einem Krieg aller gegen alle führte und schließlich in Militärdiktaturen und neuen autoritären Regimen ihr Ende fand?

Wenn wir es nicht vorher schon gewußt haben, so haben es uns die Vorgänge der letzten Monate ins Bewußtsein gebracht, daß die Zukunft unberechenbar ist, nicht nur, weil sie von einer unendlichen und unübersehbaren Zahl von objektiven Gegebenheiten bestimmt wird, sondern auch von nicht faßbaren Faktoren, die wir als Zufälle bezeichnen, und nicht zuletzt von erst nachträglich objektivierbarer subjektiver Entscheidungsfreiheit der Menschen.

Der Dammnbruch des Jahres 1989 zeigt wieder einmal mit großer Deutlichkeit, daß im besten Falle Möglichkeiten vorausgesehen werden können, daß uns aber nichts davon dispensiert, Entscheidungen zu treffen. Eines der schwierigsten Probleme, vor die wir uns heute gestellt sehen, ist die Krise der sozialistischen Idee.

Unmittelbar veranlaßt von einer kleinen Lücke im Eisernen Vorhang sind die kommunistischen Systeme wie Kartenhäuser zusammengebrochen. Hellsichtige Beobachter haben die Möglichkeit einer Wendung schon seit Jahren vorausgesehen, wurden von der Weltöffentlichkeit, deren „Realismus" von bestehenden, scheinbar unbegrenzten Machtverhältnissen bestimmt wird, kaum ernst genommen.

Der Zusammenbruch war wirtschaftlich und politisch. Am verheerendsten aber war der moralische Bankrott, denn trotz des „historischen Materialismus" beinhaltete der Begriff des Sozialismus einen hohen moralischen Wert. Kommt ihm dieser abhanden, so bedeutet die Idee nichts, aber auch gar nichts mehr.

Wo noch kommunistische Regime in unveränderter Machtvollkommenheit existieren, wie in China, Kuba und Albanien, halten sie sich mit nackter Gewalt. Die Sowjetunion sucht mühsam einen Weg aus der Sackgasse, in die sie ein ideologisches Dogma geführt hat. Selbst Politiker, die sich noch Kommunisten nennen, erwarten die Rettung vor Mangel, Hunger und politischem Débacle von einer Wiedereinführung der „freien Marktwirtschaft".

Mit der Berliner Mauer stürzte auch die Front der westlichen Linksintellektuellen, die unverdrossen dem Sowjetmythos anhingen und jeden, der diesen als Massenbetrug durchschaute, als „Reaktionär" und „kalten Krieger", wenn nicht als „Faschisten" diffamierten, lautlos in sich zusammen. Zu dieser Front gehörten neben erklärten Kommunisten auch Demokraten, die, realitätsblind einem „linken" Ideal folgend, im Sowjetkommunismus, wenn nicht ein leuchtendes Vorbild, so doch gegenüber einem liberalen Kapitalismus ein kleineres Übel sahen.

Daß dieser „Linksintellektualismus" nicht nur die grauenhaften und pathologischen Stalinschen „Säuberungen" mitsamt dem Stalin-Hitler-Pakt überstand, sondern über den 2. Weltkrieg hinaus bis in unsere Tage eine Fortsetzung fand, ist eine Herausforderung an über das Rätsel Mensch grübelnde Anthropologen.

Die Nebelwand, welche die Sicht auf die kommunistische Wirklichkeit für viele Freunde des sozialen Fortschritts verdeckt hat, ist eingerissen. Und nun zeigt sich nicht nur das Bild eines unglaublichen sozialen Elends, sondern auch das einer ökologischen Katastrophe und einer Korruption, die der des westlichen Kapitalismus zum mindesten in nichts nachsteht.

Die erstaunten Menschenfreunde müssen sehen, daß

alles, was im kapitalistischen Westen schlecht, im sozialistischen Osten noch schlechter ist. Der naive Glaube, daß der Mangel an persönlicher Freiheit im kommunistischen System durch das Bestehen einer größeren sozialen Gerechtigkeit ausgeglichen werde, ist auch dem Dümmsten nicht mehr möglich. Pazifisten können sich der Tatsache nicht mehr verschließen, daß eine Wandlung in der außenpolitischen Haltung der Sowjetunion eine solche des „imperialistischen Amerika" fast automatisch zur Folge hatte und die Tendenz zu einer weltweiten Abrüstung ermöglichte.

Sozialisten und Demokraten des Westens waren vielfach Opfer eines ideologischen Begriffs, der seine Bedeutung als Wertmaßstab im Laufe der Geschichte verloren hatte. Als „falsches Dilemma" bezeichnete Arthur Koestler schon auf dem Berliner Kongreß für kulturelle Freiheit im Jahre 1950 den Dualismus von „rechts und links". Die extreme Linke ist seit der Eroberung der Alleinherrschaft durch die Bolschewiki in Rußland, spätestens aber seit der Stalinschen Massenmorde der Jahre 1936-38 ebenso unmenschlich und freiheitsfeindlich geworden wie die extreme Rechte. Die Sozialisten aller Schattierungen im Verein mit einem Teil des demokratischen Bürgertums verstanden sich, trotz der Verfolgungen, denen auch sie in kommunistisch regierten Ländern ausgesetzt waren, als gemäßigte Linke, was sie bald sichtbarer, bald unsichtbarer mit den Kommunisten verband.

„Einheit der Linken" hieß die Verführung, der sie zu ihrem eigenen Schaden immer wieder erlagen – und dies bis in die neueste Zeit.

Wer erinnert sich nicht daran, daß die Spitzen der deutschen Sozialdemokratie noch vor kurzem nach Ostberlin pilgerten, um mit dem Genossen Honecker eine gemeinsame Plattform auszuhandeln. Schwierig ist es heute für die Sozialisten, dieses Band abzuschütteln. Kurzsichtige tagespolitische Erwägungen hindern sie vielfach noch heute daran, reinen Tisch zu machen. Die fatale Verbindung stammt aus einer gemeinsamen ideologischen Tradition. „Vernunft wird Unsinn, Wohltat

Plage, weh dir, daß du ein Enkel bist..." Das wußte schon der Teufel in Goethes Faust.

Von diesem Unsinn profitiert andererseits eine gemäßigte „Rechte", die aufgrund ihrer Tradition den Rechtsextremismus als das kleinere Übel betrachtet.

Dieses grausame Spiel wird so lange weitergehen, bis der Rechts-Links-Dualismus als Fata Morgana durchschaut werden wird. Doch haben solche irrationalen Fiktionen aller Aufklärung zum Trotz historisch oft ein zähes Leben. Davon zeugen heute noch stattfindende blutige Auseinandersetzungen nicht nur zwischen Christen, Muslims, Juden und Hindus, sondern auch zwischen Katholiken und Protestanten.

Der marxistische Sozialismus hat uns mittels einer Reduzierung des Menschlichen auf ökonomische Interessen das Verschwinden von Nationalismus und Kriegsgefahr prophezeit. Heute erfahren wir, daß nicht nur nationaler Unabhängigkeitswille, sondern auch nationalistische Überheblichkeit, die wie unter einer Eisdecke erstarrt waren, wieder auftauen.

Dasselbe gilt von der Religiosität. Liberalismus und Sozialismus versprachen im Einklang mit der „positivistischen" Erkenntnisreduktion des 19. Jahrhunderts deren endgültige Überwindung durch Wissenschaft und soziale Neuordnung. Heute ist festzustellen, daß nationale und religiöse Motive die Menschen mindestens ebenso stark in Anspruch nehmen wie soziale und wirtschaftliche. Das scheint zweierlei Gründe zu haben. Der eine ist ein sozialer und besteht darin, daß es dem Sozialismus so wenig wie dem Liberalismus gelungen ist, eine soziale Ordnung zu schaffen, die die Menschen vor Elend sichert und vor Mangel bewahrt. Der zweite ist ein metaphysischer und besagt, daß die Menschen auch unter den bestmöglichen ökonomischen Bedingungen nicht aufhören, nach einem Sinn zu fragen, der über ein von Geburt und Tod begrenztes Dasein hinausweist. Eine Verbesserung des sozialen Daseins löst das metaphysische Problem der menschlichen Existenz nicht. Es ist sogar nicht unwahrscheinlich, daß sie es verschärft, indem eine Lockerung des Kampfes ums tägliche Brot dem Menschen erst die

Muße verschafft, um über den Sinn oder auch die Sinnlosigkeit seiner Existenz nachzudenken.

Doch heißt dies nicht, daß eine Lösung des sozialen Problems etwas Gleichgültiges oder auch nur Nebensächliches wäre. Im Gegenteil fordert der Ernst der metaphysischen Existenz vom Menschen die letzte Anstrengung zur Vermenschlichung seiner sozialen.

Angesichts des hoffnungslosen Versagens der staatlich gelenkten Planwirtschaft ist es nicht zu verwundern, daß das Pendel heute weltweit zu Gunsten der freien Marktwirtschaft ausschlägt. Doch kann dies, abgesehen davon, daß diese „freie Marktwirtschaft", weitgehend von wirtschaftlichen Machtzusammenballungen heimlich gelenkt, längst nicht so frei ist, wie sie sich den Anschein gibt, der Weisheit letzter Schluß nicht sein. Die Demokratie, von der man heute überall spricht, ist ohne ein soziales Gleichgewicht auf die Dauer nicht denkbar. Überall, wo es Reichtum auf der einen und Armut auf der anderen Seite gibt, ist die Freiheit in jedem Sinne täglich bedroht.

Der klassische Wirtschaftsliberalismus, der den sozialen Ausgleich durch ein ungehemmtes Spiel des Wirtschaftsegoismus, gleichsam einem naturgegebenen Automaten entsprungen, erwartete, hat sich als Irrtum erwiesen. Auf dem Boden eines Massenelends, wie es Friedrich Engels in seinem erschütternden Buch *Die Lage der arbeitenden Klassen in England* schilderte, wuchs die Idee des Sozialismus als das leuchtende und erlösende Ziel einer gleichzeitig freien und gerechten Gesellschaftsordnung durch die Organisation einer allgemeinen Gleichheit.

Diese Ausgangslage hat sich zwar auf einem relativ kleinen Teil der Erde entschärft, sich im Weltmaßstab aber nicht wesentlich geändert. Die große Enttäuschung, die uns heute angesichts der wirklichen Lage der unter „real sozialistischen" Bedingungen lebenden Menschen erfaßt, kann uns nicht vergessen lassen, daß der Wirtschaftsliberalismus ohnmächtig ist, nicht nur gegenüber dem Hunger in der 3. Welt, sondern auch gegenüber dem Elend ethnischer Minderheiten in seiner eigenen nordamerikanischen Hochburg. Im liberal-demokratischen Westeuropa gelingt es nicht, der Arbeitslosigkeit noch des immer weiter um sich greifenden Drogenelends Herr zu werden. Der Staatskommunismus hat materiell und geistig versagt, aber der liberale Kapitalismus bildet zu ihm keine Alternative, welche eine demokratische und liberale Freiheit herbeizuführen vermöchte.

Wir erleben heute das katastrophale Ende des sich schon seit Jahrzehnten vollziehenden Niedergangs einer großen Idee. Dies müssen auch alle spüren, die die Sprengung der Ketten des marxistischen Sozialismus zu recht als Befreiung erleben.

Nicht nur in den vom Staatskommunismus befreiten oder sich befreienden Ländern, sondern auch im liberalkapitalistischen Westen stellt sich gebieterisch die Frage: Was nun?

Ein Strafgefangener, der nach Ablauf seiner Strafzeit aus der Gefängniszelle entlassen wird, empfindet im ersten Moment nichts als die Freude der wiedererlangten Freiheit. Im zweiten Moment ergreift ihn die Sorge um die Gestaltung seines nicht mehr von hemmenden, aber auch schützenden Mauern umgebenen Lebens. Diese Sorge erklärt, daß ein hoher Prozentsatz von entlassenen Strafgefangenen, bewußt oder unbewußt und nicht allein unter dem Zwang äußerer Umstände, einen Weg sucht, um wieder unter die Gefangenen eingegliedert zu werden.

Dieses Problem erfahren nicht nur Individuen, sondern auch Völker. In Ost und West stellt es sich auf verschiedene Weise. Der Osten gleicht dem aus seiner Haft Entlassenen, der sich in der gewonnenen Freiheit zurechtfinden muß. Der Westen hat eine Idee verloren, welche für viele ein Wegweiser war in eine von Not und Kriegsgreueln erlöste Zukunft.

Ohne Idee aber gibt es keine Politik, so, wie es ohne Zielsetzung keinen Weg gibt. Selbst der hartgesottenste „Realpolitiker“ kommt ohne eine solche nicht aus. Dabei gilt das scheinbare Paradox, daß eine Politik, je verblaßter und fadenscheiniger ihre Idee, desto kraftloser und realitätsferner wird. Mangels einer menschenvereinigenden Idee, wie sie der humanistische Sozialismus war, riskieren wir, in einen Kriegszustand aller gegen alle zurückzufallen, bei dem wir angesichts unserer technischen Vervollkommnung den Untergang aller riskieren. Doch kann man eine Idee weder finden noch erfinden ohne Anknüpfung an Vergangenes.

Der Arzt Paracelsus schreibt irgendwo, dort, wo die Krankheit entspringe, sei auch die Wurzel der Gesundung zu suchen. Er wußte sich mit dieser Philosophie im Einklang mit seinen humanistischen Zeitgenossen, die sich aus einer in totem Formelkram erstarrten Scholastik befreien wollten durch Erforschung der historischen Quellen von lebendiger Religion und Bildung.

Bei einem solchen Vorgehen kann es sich nicht darum handeln, alte Vorstellungen und Utopien wieder aufzuwärmen und unter den grundverschiedenen objektiven Voraussetzungen der Gegenwart realisieren zu wollen, sondern vielmehr darum, historische Punkte aufzudekken, an denen Wege auseinandergingen, Irrwege und Sackgasse beschritten und mögliche schöpferische Entwicklungen verschüttet wurden.

Eine schicksalentscheidende, der unseren in manchem ähnelnde Epoche waren die dreißiger und vierziger Jahre des letzten Jahrhunderts. Während dieser Jahre wurde unter die große französische Revolution ein Schlußstrich gezogen. Unter dem Motto „Freiheit, Gleichheit, Brüderlichkeit" wurde 1789 die Bastille gestürmt. Der in Bewegung geratene Fluß mündete in den Jahren 1792-94 im jakobinischen Terror und dieser anschließend im napoleonischen Imperialismus, der halb Europa unterwarf. Nach dessen militärischer Niederlage folgte die Restauration der Bourbonen und dieser die konstitutionelle Monarchie unter Louis Philippe. Gleichzeitig setzte eine mächtige Entwicklung der Technik ein, der Bau von Eisenbahnen und damit die Entstehung der Großindustrie und des Großhandels.

Von der Freiheit blieb die ungezügelte Möglichkeit, den Schwächeren auszubeuten, von der Gleichheit eine juristische Fiktion und die Brüderlichkeit rückte in weite Ferne.

Jetzt wurden die Ziele, welche die Revolution gewollt, aber nicht verwirklicht hatte, zu Doktrinen verarbeitet, denen entsprechende Bewegungen folgten. Der Liberalismus auf der einen Seite setzte seine Hoffnung auf eine Harmonisierung der Gesellschaft nicht nur mittels einer geistigen Befreiung der Menschen von kirchlicher und staatlicher Bevormundung, sondern auch mittels eines freien Spiels wirtschaftlicher Kräfte. Der Sozialismus auf der anderen Seite wollte primär die Herstellung sozialer Gleichheit in der Erwartung, mit dieser auch das Individuum zu befreien. Diese Ideen, die schon von Aufklärern und Utopisten des 18. Jahrhunderts vorbereitet worden waren, fanden jetzt unter dem Druck der Verhältnisse die Form mehr oder weniger geschlossener und organisierter Ideologien.

Der erste, der das Wort Sozialismus in die politische Diskussion einführte, war der selbständige Schüler Henri de Saint-Simons, Pierre Leroux. Seine wichtigsten Bücher tragen die bezeichnenden Titel *De la ploutocratie et du gouvernement des riches* und *De l'humanité...ou se trouve exposé la vraie définition de la religion*.

Mit diesen Werken erhielt der Begriff „Sozialismus" einen mit christlicher Ethik erfüllten religiösen Klang, der ihm bis heute Kraft und Wirksamkeit verliehen hat.

Kämpferischen Charakter erhielt der Sozialismus infolge der fortschreitenden Verelendung der Arbeitermassen.

Entscheidend beeinflußt wurde seine Entwicklung zur politischen Bewegung durch Pierre Joseph Proudhon einerseits und Karl Marx andererseits. Von Proudhon stammt das provozierende Wort: „La propriété c'est le vol" – Eigentum ist Diebstahl. Karl Marx lobte in seiner frühen Schrift *Die heilige Familie* Proudhons Analyse des Eigentums mit folgenden Worten: „Sie hat für die Nationalökonomie dieselbe Bedeutung, wie das Werk von Sieyes *Was ist der dritte Stand?* für die moderne Politik gehabt hat. Proudhon hat ein für allemal Schluß gemacht mit der Ignoranz der Wirtschaftstheoretiker. Er hat den menschlichen Schein der ökonomischen Beziehungen durchschaut, ihn der unmenschlichen Realität gegenüber gestellt..."

Doch gingen die Wege der Väter des modernen revolutionären Sozialismus bald weit auseinander. Charakteristisch ist ein Brief, den Proudhon im Jahre 1846 an Marx schrieb, und dessen wesentlicher Passus verdient, heute in Erinnerung gerufen zu werden: „Lieber Herr Marx, ich werde gerne einer der Teilnehmer Ihrer Korrespondenz, deren Ziel mir als sehr nützlich erscheint..., doch nehme ich mir die Freiheit, einige Vorbehalte anzubringen. Obwohl meine Ideen über Organisation und deren Realisierung, wenigstens was die Grundsätze anbetrifft, im wesentlichen feststehen, glaube ich, daß es die Pflicht jedes Sozialisten ist, noch für einige Zeit eine dem Zweifel offene Haltung einzunehmen. In einem Wort, ich befleißige mich dem Publikum gegenüber eines absoluten ökonomischen Antidogmatismus. Suchen wir gemeinsam, wenn wir es so sagen wollen, die Gesetze der Gesellschaft....und die Art und Weise, in der diese sich realisieren lassen, den Fortschritt zu ihrer Entdeckung, aber um Gottes willen, hüten wir uns davor, nachdem wir alle Dogmatismen demoliert haben, unsererseits das Volk zu indoktrinieren! Erliegen wir nicht dem Widerspruch Ihres Landsmannes Martin Luther, der, nachdem er die katholische Theologie umgeworfen hatte, daran ging, mit großem Aufwand von Exkommunikationen und Verdammungsurteilen eine neue, protestantische Theologie zu begründen. Seit drei Jahrhunderten ist Deutschland damit beschäftigt, die Revolution Luthers wieder abzureißen. Verschonen wir die Menschheit mit einer neuen Rekonstruktion! Führen wir eine gute, loyale Polemik! Geben wir der Welt das Beispiel einer weisen und weitsichtigen Toleranz! Aber hüten wir uns davor, da wir nun einmal an der Spitze einer neuen Bewegung stehen, uns zu Wegbereitern einer neuen Intoleranz zu machen! Erheben wir uns nicht zu Aposteln einer neuen Religion und wäre es die der Logik und der Vernunft! Nehmen wir alle Proteste entgegen! Lehnen wir alle Ausschließungen und Mystifikationen ab! Betrachten wir niemals eine Frage als erschöpft, und wenn wir unser letztes Wort verausgabt haben, fangen wir, wenn es sein muß, mit Beredsamkeit und Ironie wieder von vorne an! Unter dieser Voraussetzung trete ich mit Vergnügen Ihrer Vereinigung bei. Wenn nicht, nicht."

Ich habe diese Briefstelle so ausführlich wiedergegeben, weil in der Folge so ziemlich alles eingetroffen ist, wovor Proudhon hier gewarnt hat. Eine der Sache gerecht werdende Untersuchung des Warum? würde den Rahmen dieses Aufsatzes sprengen. Es sei nur gesagt, daß die mit Vehemenz fortschreitende Industrialisierung im Volk eine Vermassung und Behinderung eines differenzierten, unabhängigen Denkens begünstigte und daß ganz allgemein die Forderung der Freiheit gleichzeitig Verantwortung verlangt und an den Menschen einen größeren Anspruch stellt als die, einer Autorität zu folgen.

Marx hat den Brief nicht beantwortet, und ich vermute stark, daß er von Proudhons Aussagen nicht ein Wort verstanden hat.

Es kommt in ihm ein Wesenszug dieses Franzosen zum Ausdruck, der ihm, bei allen Wandlungen seiner Anschauungen, zeitlebens eigen geblieben ist: Wahrheitsfindung, die nie einen endgültigen Abschluß findet, in permanenter Diskussion. So faßte er die Dialektik in ihrem ursprünglichen Wortsinne auf.

Von einem, wie Karl Jaspers sagen würde, „liebenden Kampf" zwischen den verschiedenen Vorstellungen der Idee und deren Realisierungsmöglichkeiten ausgehend, kann man sich die Entwicklung eines pluralistischen, nicht nur demokratischen, sondern auch im besten Sinne liberalen Sozialismus „mit menschlichem Antlitz" denken.

Karl Marx, dessen Wesen völlig anders geartet war, hat, im Bewußtsein, allein selig machender Prophet zu sein, Proudhon in der Folge nicht nur abgelehnt und politisch bekämpft, sondern auch mit einem gewissen Erfolg versucht, ihn als „dilettantischen, eitlen Autodidakten" der Lächerlichkeit preiszugeben, so wie er dies mit allen Sozialisten seiner Zeit, die sich seiner Führung nicht bedingungslos unterordneten, getan hat.

Proudhon, Sohn eines armen Küfers, errang sich seine Bildung als schwer arbeitender Typograph und Korrektor. In der *heiligen Familie* bezeichnet Marx ihn noch ehrfurchtsvoll als „selbst ein Proletarier". Später war er für ihn nur noch ein nach der Art seiner Klasse von inneren Widersprüchen beherrschter „Kleinbürger".

Recht hatte Marx allerdings, wenn er erklärte, Proudhon habe Hegel nie richtig verstanden, und der einzige deutsche Philosoph, den er in einer französischen Übersetzung gelesen habe, sei Kant gewesen. Proudhon selbst schrieb 1861 an einen Freund: „Sie sind Kant gegenüber ungerecht..., denn es scheint mir unmöglich, ihm den großen Ruhm zu verwehren, den er verdient hat durch die Art und Weise, in der er das religiöse und philosophische Problem dargestellt hat... Kant hat uns gelehrt, uns nicht die Frage zu stellen: 'Was ist Gott?', sondern: 'Wie glauben wir an Gott?' Soweit ist selbst Descartes nicht gekommen..."

Auch Proudhon stand im Banne der Wissenschaftsgläubigkeit seiner Zeit und des dieser entsprechenden Fortschrittsgedankens, eines Geschichtsoptimismus, den wir heute so nicht mehr teilen können. Zu dieser Haltung in einem gewissen Widerspruch steht seine Dialektik, die, wie sein Biograph Edouard Dolléans richtig bemerkt, mit Blaise Pascal näher verwandt ist als mit Hegel. Statt Pascal könnte man aber auch die Namen von Existenztialphilosophen unserer Zeit nennen. Beeindruckt von den Kantschen Antinomien, d. h. den den Dingen der Erscheinungswelt anhaftenden Widersprüchen, übertrug er diese auf die ökonomischen Phänomene der Menschen aller Zeiten, vor allem aber auf die von ihm selbst erlebten und erlittenen.

Den Sozialismus dachte er nicht als Produkt einer determinierten historischen Entwicklung, sondern als Frucht einer menschlichen Bemühung um Gerechtigkeit, die, wenn auch in verschiedener Weise, zu allen Zeiten stattfinden kann und die nie einen endgültigen Abschluß finden wird. Sein Begriff der „justice", der mit dem deutschen Wort „Gerechtigkeit" nur annähernd übersetzt werden kann, ähnelt unverkennbar dem „kategorischen Imperativ“ Kants. Untrennbar verbunden ist Proudhons „justice“ mit der Freiheit. Auch darin ist sie Kant nahe, denn die „Gerechtigkeit“ sowohl des Deutschen als auch des Franzosen ist Ausdruck einer Gewissensregung von innen und nicht eines Befehls von außen.

Dieser Freiheitsbegriff unterscheidet sich grundlegend von dem Hegels, der von Marx übernommen wurde. Hegel und Marx lokalisieren die Freiheit an das Ende eines historischen Entwicklungsprozesses. Proudhons Freiheitsbegriff dagegen ist insofern zeitlos, als er die geistige und schöpferische Seite der menschlichen Natur beinhaltet und Voraussetzung ist zu allem Fortschritt. Sie ist „die Mutter und nicht die Tochter der Gerechtigkeit“. Alle sozialistischen Projekte Proudhons gehen daher von Freiheit und Freiwilligkeit aus. Ich kann diese hier nur andeuten:

Tauschbanken, welche die Zirkulation von Produkten menschlicher Arbeit ohne Anhäufung von wirtschaftlicher Macht ermöglichen und den Produzenten unentgeltlichen Kredit gewähren; Produktivgenossenschaften zur Nutzbarmachung kollektiver Zusammenarbeit (force collective).

Proudhon ist Gegner aller erzwungenen Gemeinschaft, da er in einer solchen die Quelle von neuer Herrschaft und Ungleichheit sieht, und setzt an ihre Stelle das Prinzip der Gegenseitigkeit, das seinen praktischen Ausdruck im Vertrag findet. Den Kommunismus lehnt er mit gleicher Schärfe ab wie den Kapitalismus.

Als Garanten der persönlichen Freiheit postuliert er den Föderalismus, sowohl in wirtschaftlicher als auch in politischer Hinsicht. Damit stellte er sich in Gegensatz zu den meisten Demokraten und Sozialisten seiner Zeit, die einem nationalstaatlichen Zentralismus das Wort redeten.

„Das 20. Jahrhundert“, so schrieb er 1862, zwei Jahre vor seinem Tode, „wird ein Zeitalter der Föderation eröffnen, oder die Welt wird ein Fegefeuer von tausend Jahren erleiden müssen.“

Wenn wir versucht sind, bei solchen Worten an die Bestrebungen unserer Tage zu einer föderativen Vereinigung Europas zu denken, so dürfen wir nicht außer acht lassen, daß Proudhon dabei nicht an eine Abmachung zwischen Regierungen zentralisierter Staaten dachte, sondern an vertragliche Vereinigungen von ihrerseits föderativ aufgebauten Zusammenschlüssen von autonomen Gemeinden und Regionen, also, wie sich später Gustav Landauer ausdrückte, „eine Gesellschaft von Gesellschaften".

Ein solches System schien ihm auch die einzig mögliche Garantie für einen künftigen Weltfrieden zu sein.

All dies muß uns heute nach Hitler und Stalin, dem zweiten Weltkrieg und seinen Folgen als utopisch erscheinen. Aber vielleicht leben wir in einem Zeitalter, in dem wir, ohne die Lehren des Vergangenen außer acht zu lassen, wieder bescheiden mit Utopien beginnen müssen.

Ich möchte in diesem Zusammenhang auf den Titel einer Schrift verweisen, die Martin Buber um das Jahr 1950 geschrieben hat und die heute wieder lesenswert ist: *Pfade in Utopia*. Der jüdische Denker bescheinigt Proudhon hier, keiner habe wie er „mächtiger und redlicher die soziale Wirklichkeit befragt".

Mit diesem Hinweis soll nicht eine Autorität durch eine andere ersetzt werden. Stellen wir uns aber die Frage, ob die sozialistische Idee noch zu retten sei, so könnte er zu einem neuen Ansatz nützlich sein. Wenn ich die Frage stelle, so meine ich nichts von dem, was unter dem Namen Sozialismus an totalitärer Herrschaft existiert hat und noch existiert. Davon ist nichts rettenswert. Ob das Wort „Sozialismus" als Zielsetzung überhaupt noch verwendbar ist, sei dahingestellt. Vielleicht wird man für das seit der Weissagung des Jesaja die Menschheit bewegende Ideal einen neuen Namen erfinden müssen.

Eine Revision scheint mir auf zwei Ebenen nötig zu sein. Die eine ist soziologisch, die andere philosophisch.

Die erstere lautet: Abkehr vom Zentralismus und Hinwendung zu einem nicht nur formal-politischen, sondern wirtschaftlichen und sozialen Föderalismus. Unter „Zentralismus" soll nicht nur der sogenannte pseudodemokratische Zentralismus Lenins, sondern auch die zentralistische Tradition, welche die Sozialdemokratie vom bürgerlichen Radikalismus des letzten Jahrhunderts übernommen hat, verstanden werden.

Ein Schlagwort der bürgerlichen Liberalen von heute lautet: „Mehr Freiheit, weniger Staat!" Dieser Slogan meint aber einseitig einen Abbau staatlicher sozialer Einrichtungen, nicht aber den Abbau staatlicher Machtmittel zum Schutze der wirtschaftlich privilegierten Klassen.

Die Antwort des Marxismus aller Schattierungen lautete: Sozialisierung der Produktionsmittel, worunter man praktisch Verstaatlichung verstand. Diese Antwort kann heute mit Aussicht auf wirtschaftlichen und damit auch politischen Erfolg nicht mehr gegeben werden, was Sozialdemokraten und sogar Kommunisten einzusehen beginnen.

Möglich ist aber eine andere Antwort, die ebenfalls eine sozialistische Tradition hat: „Mehr Freiheit, weniger Staat! Ja, aber im Sinne einer Freiheit mit menschlichem und nicht mit räuberischem Antlitz." Wie wäre es mit: „Mehr Gesellschaft, weniger Gewalt"?

Die Revision auf philosophischer Ebene heißt Abkehr von einem die Entscheidungsfreiheit des Menschen negierenden Determinismus. Hellsichtig wie wenige hat Proudhon anhand einer kritischen Analyse von Spinozas Ethik auf den inneren Widerspruch gewisser Aufklärer hingewiesen, welche die Freiheit der Gesellschaft wollten, indem sie die innere Freiheit der Menschen leugneten.

Die philosophische Revision bedeutet Abkehr vom „knechtischen Willen" Luthers und Hinwendung zum „freien Willen" des Erasmus. Von neueren Denkern, die uns in diese Richtung weisen, seien Karl Jaspers, Nikolai Berdjajew und Albert Camus genannt.

Um die sozialistische Idee, unter welchem Namen auch immer, zu retten, ist ein neues Geschichtsverständnis nötig, das realistische Skepsis mit idealistischem Zukunftsglauben verbindet. Die Geschichte der Menschheit ist kein kausal determiniertes, modisch ausgedrückt: „vorprogrammierter", und somit wissenschaftlich ergründbarer Naturprozeß, sondern ein komplexer Vorgang, bei dem die unausrottbare tierische Natur des Menschen als kausaler Zwang in Erscheinung tritt und zu einem geistigen Faktor, der sich in freier, nur dem Menschen gegebenen und aufgetragenen Willensentscheidung äußert, in einem dialektischen Verhältnis steht.

Worauf es letztlich ankommt, soll folgendes Detail aus der Geschichte der Arbeiterbewegung illustrieren:

Der Proudhon-Biograph Daniel Halevy berichtet folgendes Gespräch: Um das Jahr 1845 waren die Schneider des Faubourg Saint Marcel in Paris Anhänger des von Marx und Engels begründeten *Bundes der Kommunisten*, während die Tischler des Faubourg Saint Antoine den libertär-sozialistischen Anschauungen Proudhons folgten. Im Jahre 1898 waren die Schneider immer noch Kommunisten, während die Tischler dem Anarchosyndikalismus nahestanden. Ein intelligenter Schreiner gab Halevy, der ihn um eine Erklärung dieses Phänomens bat, folgende Antwort: „Die Schneider sind Marxisten, weil sie gewöhnt sind, mit der Schere ihren Stoff zu bearbeiten, der eine nur zweidimensionale Fläche einnimmt. Wir Tischler arbeiten in drei Dimensionen. Das ändert alles."

Namensregister